光 明 城

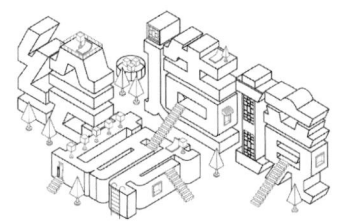

LUMINOCITY

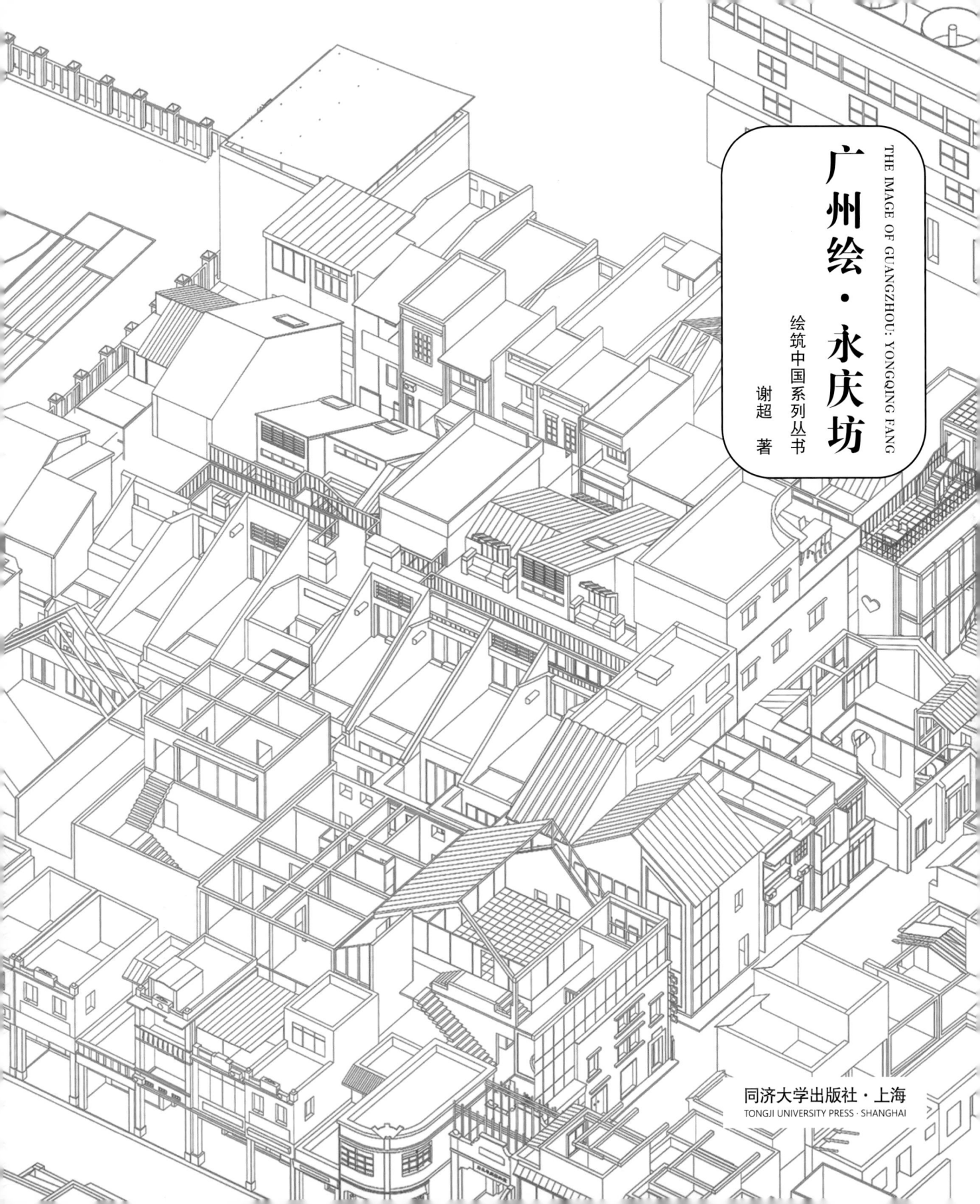

广州绘·永庆坊

THE IMAGE OF GUANGZHOU: YONGQING FANG

绘筑中国系列丛书

谢超 著

同济大学出版社·上海
TONGJI UNIVERSITY PRESS · SHANGHAI

创作总监

谢 超

主创人员

邝颖琦　张 曦　吴汉源　苏小岚　刘奕华

学术指导

李晓峰　王 蔚　叶劲枫　江海燕　王 瑜　周彝馨　王 劲　黄娅萍　吴 霆
李宜斌　杨 杨　袁徐安　吴稚华　郑晓谨　蔡 鑫　柴弋霞

创作人员

黄望益　龚浩荣　张淦燊　黄芷敏　李 灵　李俊霖　鲁英健　纪艺琦　周海萍
黄 璇　丘妍嵘　梁慧璇　麦健均　程 雯　容诺旻　慕容炘其　陈华悦　陈伟翰

参与人员

孙国栋　卓 涛　徐子翔　姜 颖　杜宙瑜　林峥嵘　邓志隆　喻晓彤　曾 薇
许冰冰　苏梓敏　邓芷欣　刘美圻　洪时妍　谢沁汕　林宝滢　潘子烨　王彦欢
杨佳慧　吴启博　洪丽亚　陈 瑶　张文琦

摄影

梁学聪　吕锋盛　林海欣

策划

绘城造境工作室

技术支持

广州普邦园林股份有限公司
凡益工作室

特别鸣谢

广东工业大学建筑与城市规划学院
广东工业大学建筑学者协会

序

随着互联网产业繁荣发展，依托新媒体展示城市文化的形式层出不穷，图像化的信息传播方式相较文字更易受到大众的欢迎。同时，建筑学的发展已逐渐受到新兴学科的渗透，越来越多的建筑师也参与到"畅想"的思潮中，进行多元化的创作思考，希望能够以专业化的创作语言和思考模式，通过设计实践或社会实践发声。这也促使建筑师开始寻求自内而外的转型突破，去探索更具有传播效应、更符合时代特征的表达方式。

2018年10月24日，习近平总书记在广州考察永庆坊时强调，城市规划和建设要高度重视历史文化保护，不急功近利，不大拆大建；要突出地方特色，注重人居环境改善，更多采用微改造这种"绣花"功夫，注重文明传承、文化延续。

建筑绘本是一种建筑空间的图像化表达方式，通过再现场景和人物行为，对特定的建筑内容进行普适性表达。不同于更强调专业性和精准度的学术论文和工程图纸，建筑绘本能够加深大众对建筑学的认识和参与程度，是具有历史价值、文化创意、艺术价值、技术价值、社会意义和科研价值的城市形象记录。

《广州绘·永庆坊》通过介绍永庆坊改造中的经典项目，体现了建筑师对文明传承、文化延续的回应。本书围绕永庆坊创作了八个重要叙事篇章，每个叙事篇章都有其自身的价值，如三雕一彩一绣展馆篇章展现了改造后的建筑内部空间格局，该展馆也为永庆坊成为广州首个非遗街区提供了文化基础；旧物仓可以说是老广州记忆的一个时光容器，让许多老物件重新呈现在大众视野之中；李小龙祖居承载着人们对中国武术精神的传承；万科社在改造后的永庆坊扮演着开放与包容的角色，也映射出不同时代大众的空间需求；骑楼街是广州记忆的空间符号，承载了几代人的日常生活印记，是空间叙事创作中不可缺少的元素。

《广州绘·永庆坊》作为一种新型的在地文化的传播模式，通过细腻丰富的画面，试图让人们像看电影一样进入街区的日常生活圈，感受永庆坊街头或角落的场景氛围，实现雅俗共赏、喜闻乐见的场景呈现，从而促进建筑人文思想的传播。同时，作为一种新的建筑学研究范式，《广州绘·永庆坊》探索了考现学与大众认知的结合路径。它不仅可以吸引市民对城市文化遗产的关注，为广州市民和游客提供一种新型的文化产品，还对城市文化遗产的保护和再利用具有一定的积极意义。这种研究范式是一种将学术研究与大众市场相结合的策略，具有广泛的应用前景。

王蔚
湖南大学建筑与规划学院副教授
凡益工作室创始人

目录

序	6	逢庆大街	96
引言	20	骑楼街	112
李小龙祖居	28	众谈	126
三雕一彩一绣展馆	38	创作后记	136
旧物仓	50		
连廊中庭	62		
六克拉	74		
万科社	86		

❶ 永庆坊

永庆坊老街巷有着狭窄且深邃的天空，斑驳的红砖墙背后藏着的是全新的商业空间，里面透出的年轻气息，为这片老城区灌注了时代活力。

① 三雕一彩一绣展馆　④ 连廊中庭
② 旧物仓　　　　　　⑤ 六克拉
③ 李小龙祖居　　　　⑥ 万科社

❷ 逢庆大街

起伏的麻石路记录流逝的时间，每一处的起伏都仿佛刻画着大街两旁人家在不同年代的记忆，晨光熹微时，偶有一声吆喝，就能唤醒大街一天的生活。

❸ 骑楼街

廊柱上刻着岁月的痕迹，打铜声日复一日响起，走在润泽的青砖路上，倚在褪色的满洲窗边，看熙熙攘攘的骑楼街，品那一丝老广人家的烟火气。

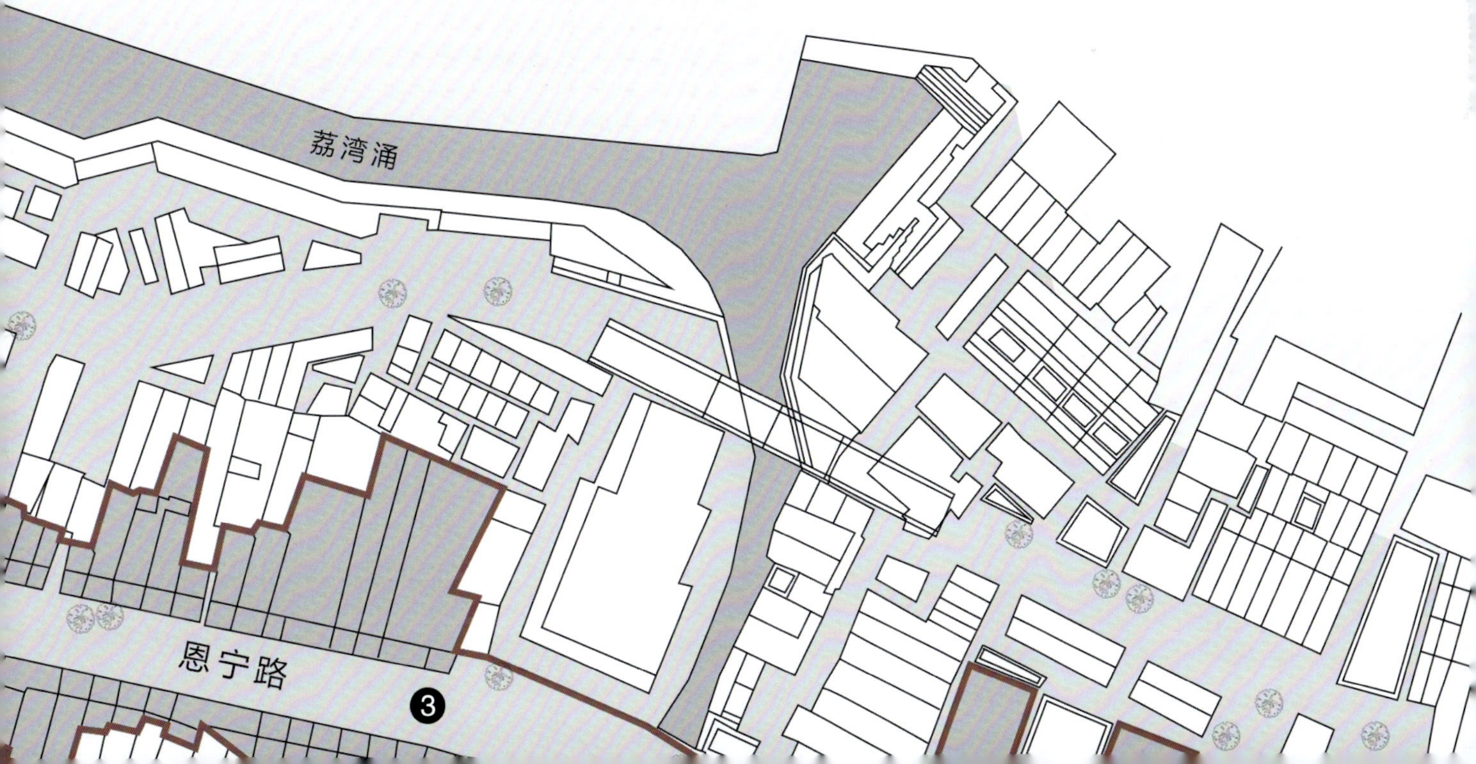

荔湾涌

恩宁路　❸

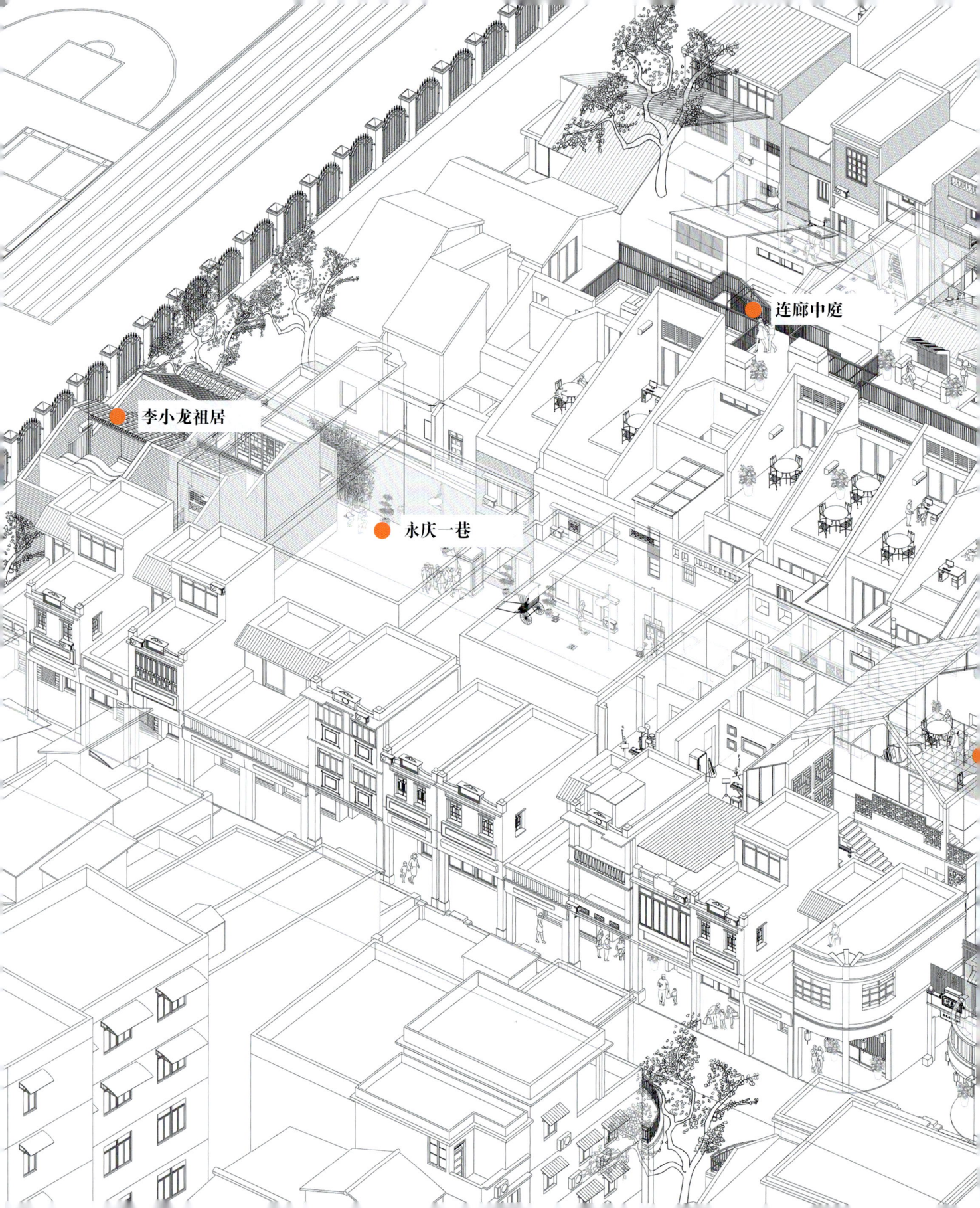

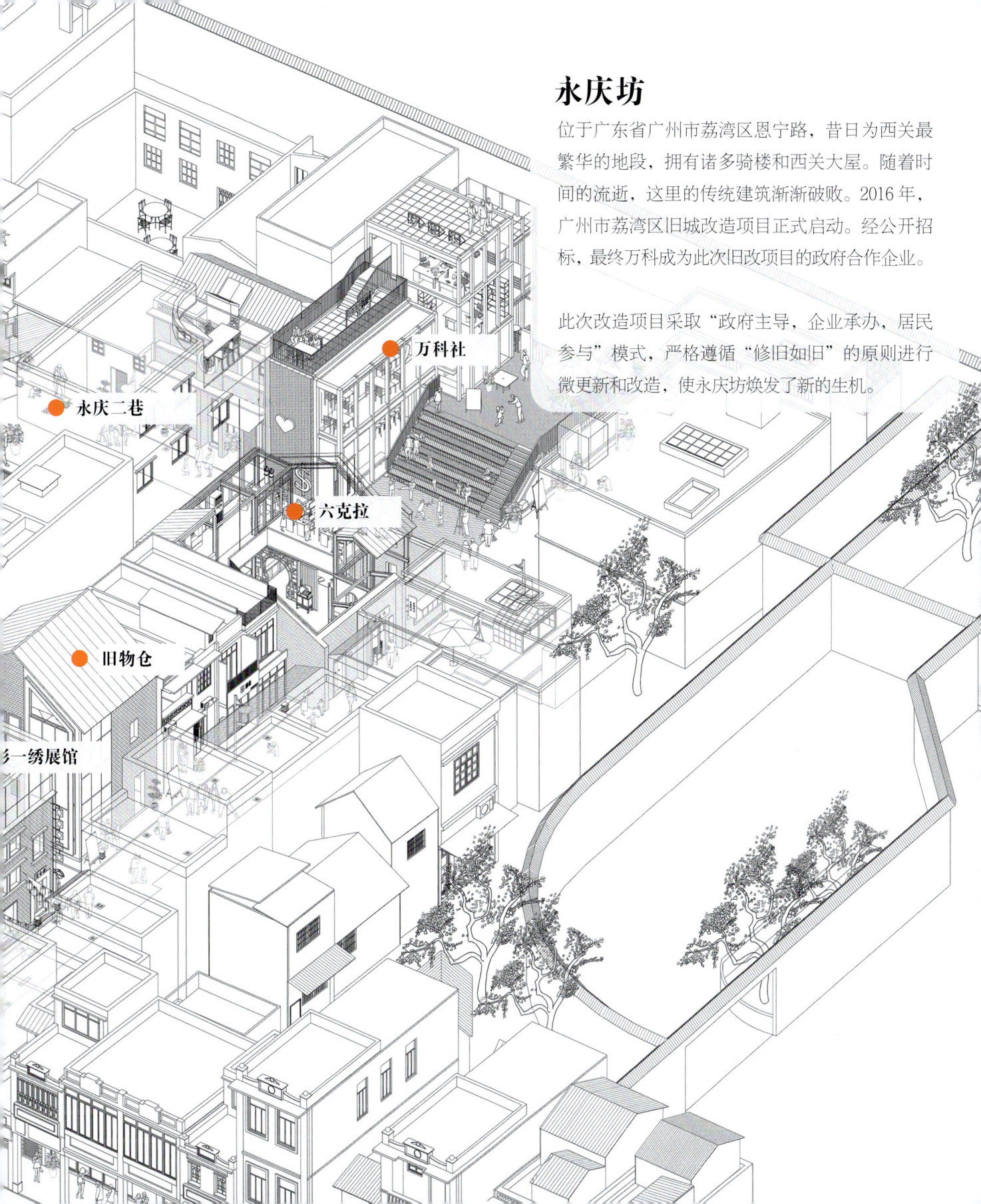

永庆坊

位于广东省广州市荔湾区恩宁路，昔日为西关最繁华的地段，拥有诸多骑楼和西关大屋。随着时间的流逝，这里的传统建筑渐渐破败。2016年，广州市荔湾区旧城改造项目正式启动。经公开招标，最终万科成为此次旧改项目的政府合作企业。

此次改造项目采取"政府主导，企业承办，居民参与"模式，严格遵循"修旧如旧"的原则进行微更新和改造，使永庆坊焕发了新的生机。

- 万科社
- 永庆二巷
- 六克拉
- 旧物仓
- 彰一绣展馆

引言

广州是中国改革开放的前沿地、海上丝绸之路的重要节点,也是两千多年的商贸历史文化名城。广州的历史街区承载着城市的千年古韵,也见证了岭南文化的发展传承。如今,城市发展日新月异、沧海桑田,广州也处于现代化与科技化的必然进程中,然而,许多传统的城市风貌和历史文化遗产却在这一过程中,悄悄远去……

为求更好地呈现广州历史街区的特色,传承街区文化记忆,《广州绘·永庆坊》团队将历史街区的建筑风貌、历史文化以及当下的叙事空间融为一体,借助"城市建筑绘本"这种具有创意和活力的方式,通过类似漫画的表现形式来再现这座城市的传统文化和建筑风格,使城市印象跃然于纸上。团队相信,通过持续的思考与创作,将汇集形成一系列延伸历史街区文化记忆、促进岭南文化传承与发展的图书,这是一次建筑学在"建筑之外"的创作旅程,也是一种建筑学、社会学与艺术学等学科相互融合的探索。

建筑就像一座城市的"躯壳",而文化是城市的"灵魂"。广州的日常生活里,蕴藏着最具烟火气的平民文化,这一文化内核充满了包容性。人们生活在不同建筑中,同时也赋予这些建筑不同的含义。人对建筑的需求和依赖,才让建筑有了温度。

永庆坊位于广州西关的核心地带,对广州而言,它有着与众不同的意义。漫步其间,用手触摸着西关大屋的青砖墙面,午后的骑楼街,声声清晰的"叮叮当当"的打铜声伴着悠扬的粤曲声穿堂而过,时光仿佛回溯到那个美丽的民国老城:孩童在西关大屋的趟栊门外,踩着青石砖,玩着跳房子的古早游戏;大人们忙着做饭,哼着粤曲小调,铜锅里噗嗤噗嗤冒着热气……

永庆坊的文化底蕴有很大一部分源于其粤剧文化和打铜文化。粤剧是岭南艺术的重要组成部分,更是广府地区乡音相通、情感传达的纽带。打铜文化的兴衰则见证了一个时代的辉煌和落幕,是老广州时代的缩影。文化不仅是一座城市的竞争力来源,更是一座城市的精神内核,如果没有被铭记,就会被人们慢慢忘却。因此,我们试图发掘永庆坊更多不为人熟知的在地文化,并将其记录下来,让一些日常难以深入触及的文化传统成为纸页上实实在在的视觉元素,由此留住广州荔湾这片老街区从过去到现在的记忆。

脚踏青砖,思绪还在重脊高檐和过街骑楼中穿梭,永庆坊的故事已翻开了序章。它藏身在骑楼与小巷中,带着厚重的历史韵味,正如门后屹立的两只威严石狮般肃穆而庄严,诉说着它的独一无二。

自 2016 年开始，永庆坊经历了多年持续的改造，设计师们始终认为保留永庆坊历史街区的街巷肌理、建筑风貌是对它最大的尊重。为了实现这一目标，他们对街区历史作了细致梳理，并进行了广泛、深入的居民调研。宏观尺度上，疏通原有街巷，保留了建筑原有承重结构，植入微空间串联起社区生活；微观尺度上，运用"城市针灸法"，沿永庆大街适当选取建筑体进行更新改造。

在永庆坊这"一纵两横"的空间里，打通的是过去与现在的桥梁，永庆坊的华丽转身，诉说的是"立足过去，面向未来"的美好愿景。在这里，最具有人文历史价值的西关大屋——李小龙祖居，经过修缮后已成为文物保护单位的展览馆，而永庆坊最重要的商业建筑——万科社，其宽敞通透的共享空间，彰显的是传统与现代的关联。

永庆坊的微改造重焕了历史街区的昔日光彩，保留了历史街区的温度。在这个空间里，展现的是古今的联结、文化的碰撞、不同生活方式的交织。改造后的园区既充满着新时代的气息，又潜藏着西关的人文底蕴。门庭若市的商业街市与原住户的日常生活无缝衔接，与坐落在大街末端的粤剧艺术博物馆传出的戏曲声遥相呼应，散发着广州独有的韵味。

《广州绘·永庆坊》的绘本故事创作从"城市显微"的理念出发，经过资料查询、调研走访和对比筛选，选择了李小龙祖居、三雕一彩一绣展馆、旧物仓、连廊中庭、六克拉、万科社、逢庆大街和骑楼街进行重点绘制与表现，在我们看来，这些空间是永庆坊最"接地气"的场所，最能够诠释永庆坊的独特魅力。

李小龙祖居

　　李小龙祖居寄托着当代人对中国武术精神的向往。李小龙之父李海泉举家搬迁后，宅子便转让他人，慢慢荒废。

　　广州开展微改造行动后，这栋西关大屋重新回归人们的视野，改造后的建筑内部设置了多个有关李小龙的特展空间。李小龙被誉为一代功夫巨星、武术宗师，他身上的武术精神和他传播的武术文化，已在历史上留下熠熠生辉的印记，等待着我们再一次发现。

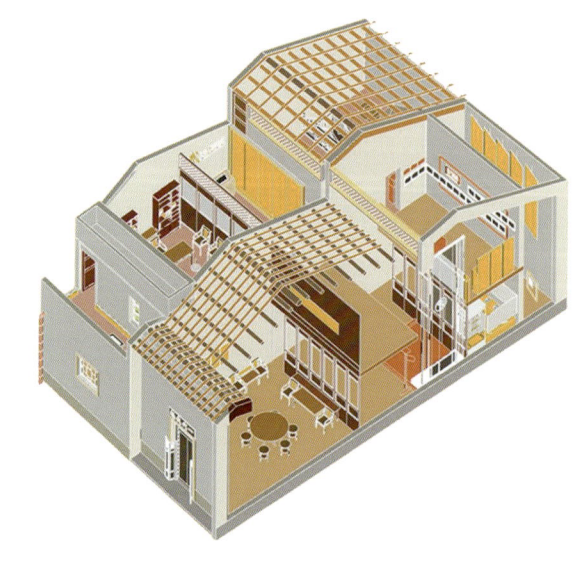

三雕一彩一绣展馆

　　展馆的前身是永庆坊内的一间"塾"，曾经是片区中供小朋友培养业余爱好的教学空间，由三栋结构相对完好的红砖楼组成，在改造之前，多年来一直是一处历史陈迹。

　　"三雕一彩一绣"即牙雕、玉雕、木雕、广彩、广绣。展馆在原有红砖楼的基础上置入钢结构进行改造，使改造后的新结构兼具历史质感和现代面貌，并在护栏、窗和墙面修饰上加入了不少木雕的元素，使得建筑别具一格。

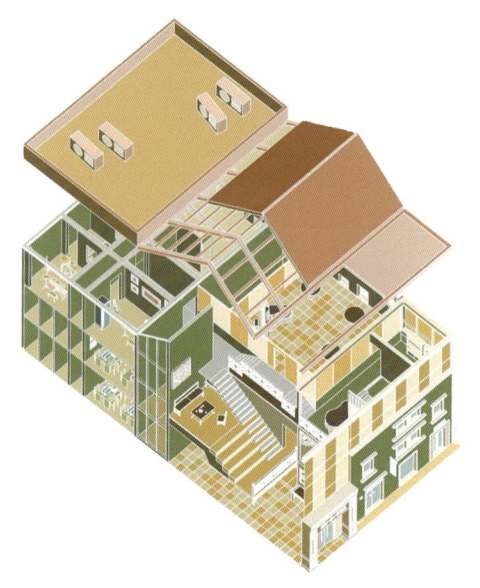

旧物仓

"小桥流水永庆坊,零零碎碎旧物仓。"这里提供了一个让老广与小时候的物件久别重逢的角落,回忆中的老闹钟、收音机、磁带、BP机重新出现在你的眼前。

岁月匆匆,但在旧物上留下的痕迹难以磨灭。在这里,物不再仅仅是物,更是一种象征,浓缩了多少人过去时光里珍贵的回忆……

连廊中庭

新貌的巷弄里,林立的玻璃盒子体现着建筑师的温柔。沿着钢楼梯拾级而上,穿梭在玻璃盒子间,今天的故事正在上演。

设计师选用了"有机更新"的方法,把永庆坊街区看作一个有机生命体,运用最适合的设计手法,大胆改变了"竹筒屋"的传统结构,使其能够满足现代空间的使用需求。

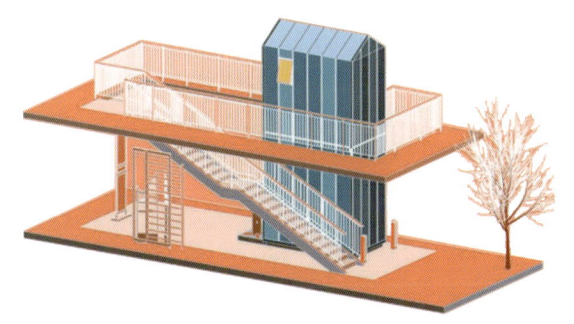

六克拉

作为永庆坊历史最悠久的建筑之一,它留存着不同时期的痕迹。建筑几经改造和重建,那些记忆在现代功能的"躯壳"下,得以重现并且延续。

万科社

一段街巷中广场的大阶梯,是休息座,展现着开放与包容;是放映机,重映着时代的精粹;是戏台,与玻璃建筑一起演绎着红砖的历史,见证着城市更新的进程。

正因为设计师用三个小玻璃体块组合的方式削弱了新建筑的体量感,改造后的万科社才能够唤起人们对旧场所的回忆。旁边的大台阶是一个光怪陆离的奇幻世界,也充斥着柴米油盐的人间烟火。

逢庆大街

在城市更新中,建筑师想为城市赋予新的美学价值,而老街坊只想守住最熟悉的市井生活。逢庆大街就像过去的永庆坊,是一幅广府地区旧街区最熟悉的生活图景。徘徊在逢庆街上,街边传统的士多店、老年活动中心的麻将馆、坐在屋檐下侃侃而谈的老人们,更能让我们体会到老广州悠哉的慢节奏生活。

骑楼街

漫步在旧巷里、绿荫间,抚摸墙上一砖一瓦,老城的古今往事仿佛在眼前展开的画卷,似乎能感知到这长廊的石板路上曾有行人牵手耳语,嬉笑追逐的声和影如在眼前。这自成一道风景的骑楼旧街,承载了几多记忆与历史。悠游其中,看阿公在柱廊间卖力吆喝、看阿嬷在露台忙活家务,感知着发生在这老西关的大小社交、人情世故。

李小龙祖居

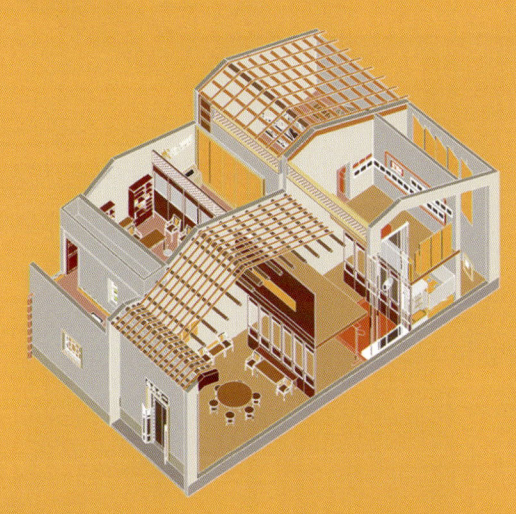

　　李小龙祖居始建于民国时期,为典型的西关大屋,采用一正一偏布局,结构为深三进,屋内采用雕花大梁和彩色雕花玻璃屏风等岭南元素进行装饰,简约大气又不失华丽。

　　李小龙祖居经过翻修重整后,仍保留当时的砖木结构,重现了"戏武世胄,粤韵风华"主题,其中陈列的内容从多个角度,让人们更深入地了解一代武术宗师李小龙。

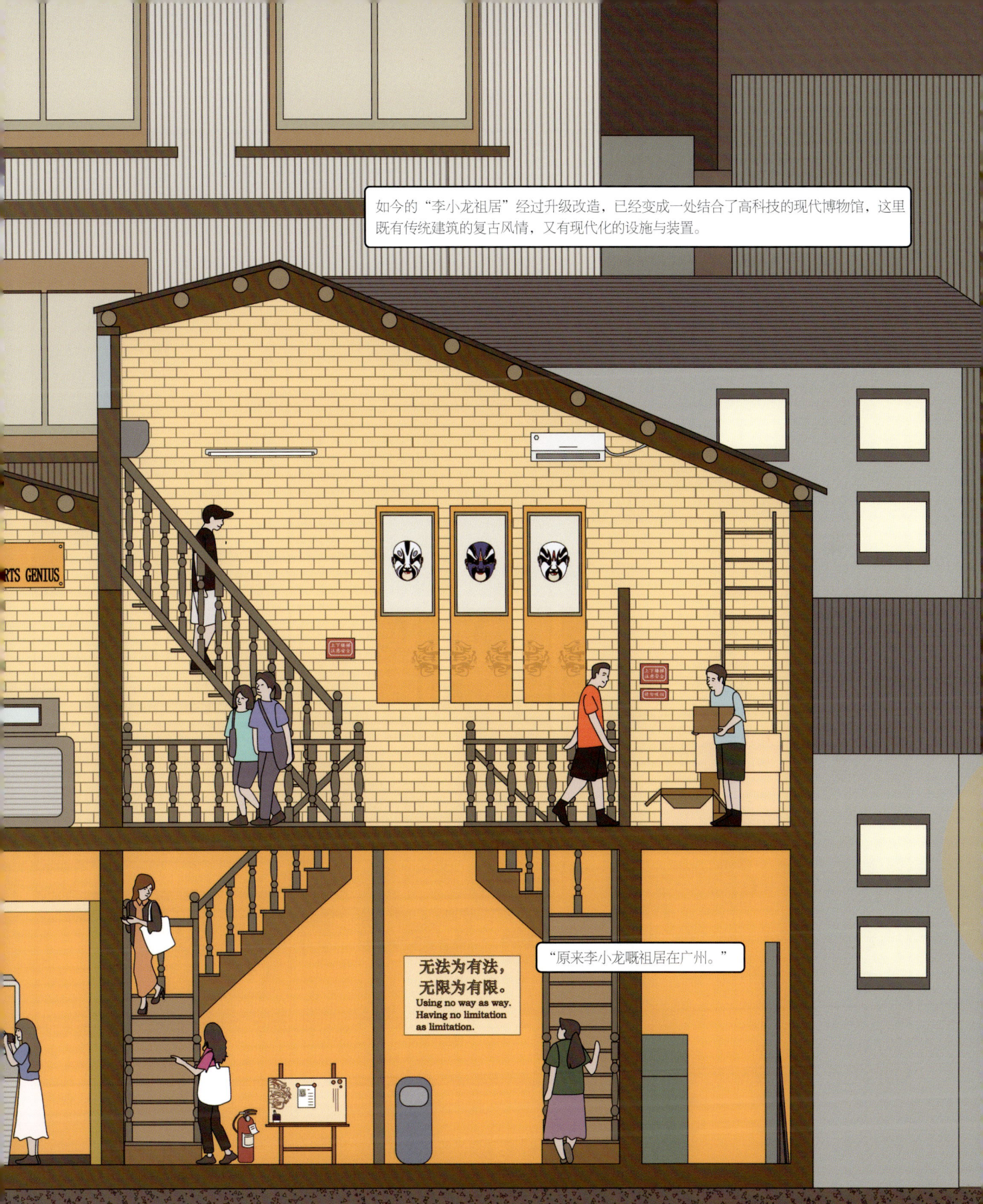

1946年八和会馆重建后,大量粤剧名伶在恩宁路落脚,李海泉也是其中一员。

推荐你去看看《烟精扫长堤》!这样才能领略到身为"粤剧四大名丑"的李海泉的魅力。

每逢演出过后,总要找个落脚的地方。

于是这座只是用来度假用的屋子就成了很多人充满回忆的地方。

李小龙胞弟李振辉

"我对哩度只有小时候个印象。"

"依家仲可唔可以入去啊?"

最记得的就是老屋前那条青石板路。

家里很大,从门口到客厅很长。

"对了,我还经常在老屋入边跑来跑去。"

依稀记得还有个小天台。

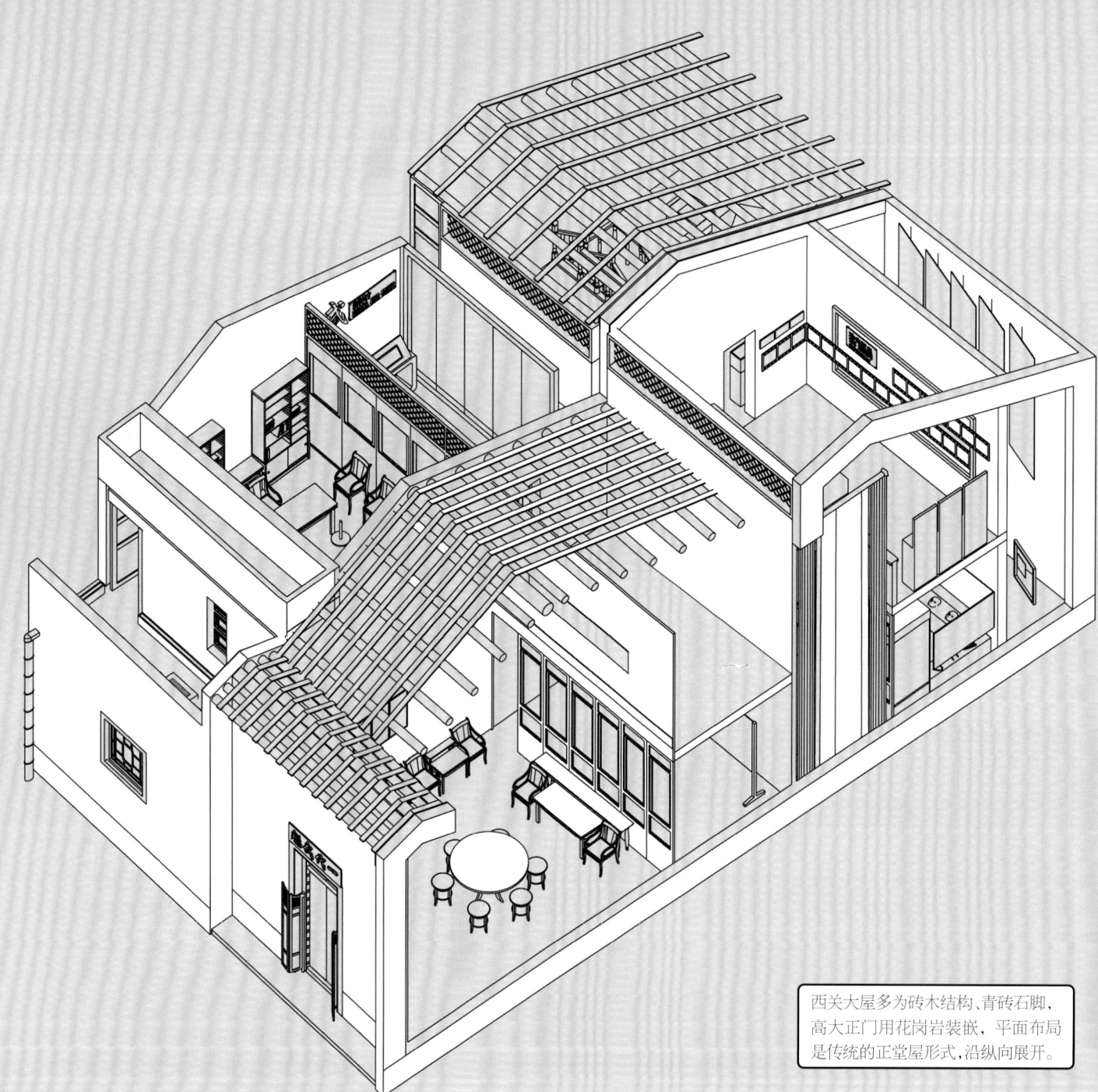

西关大屋多为砖木结构、青砖石脚，高大正门用花岗岩装嵌，平面布局是传统的正堂屋形式，沿纵向展开。

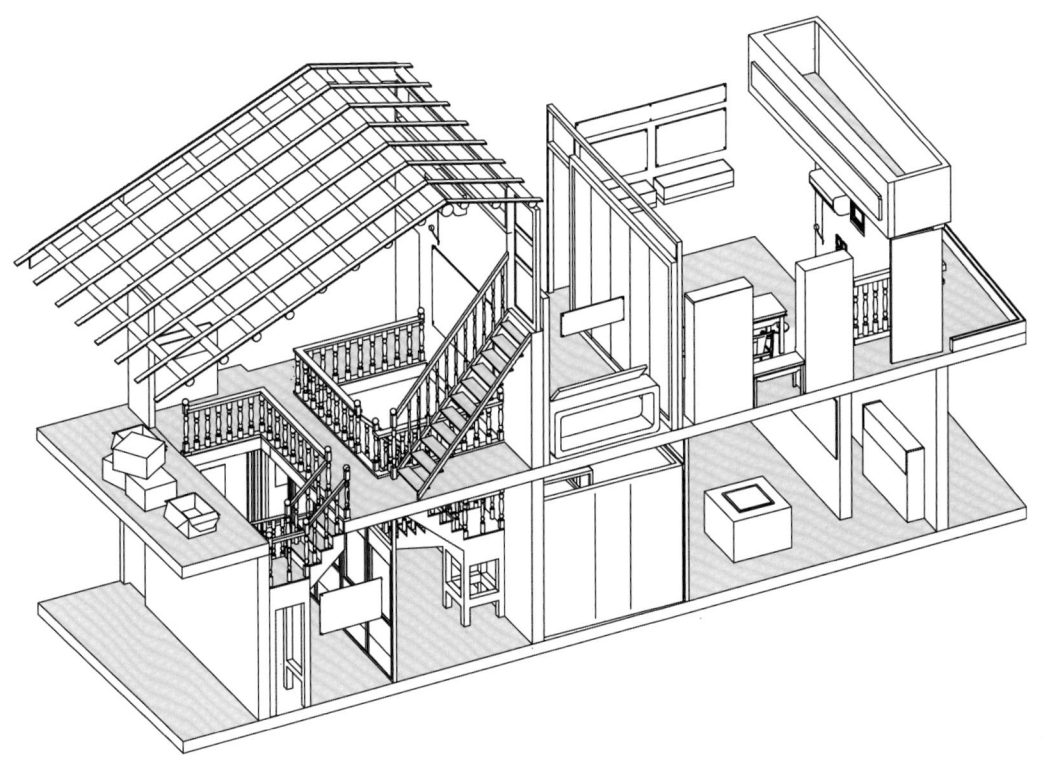

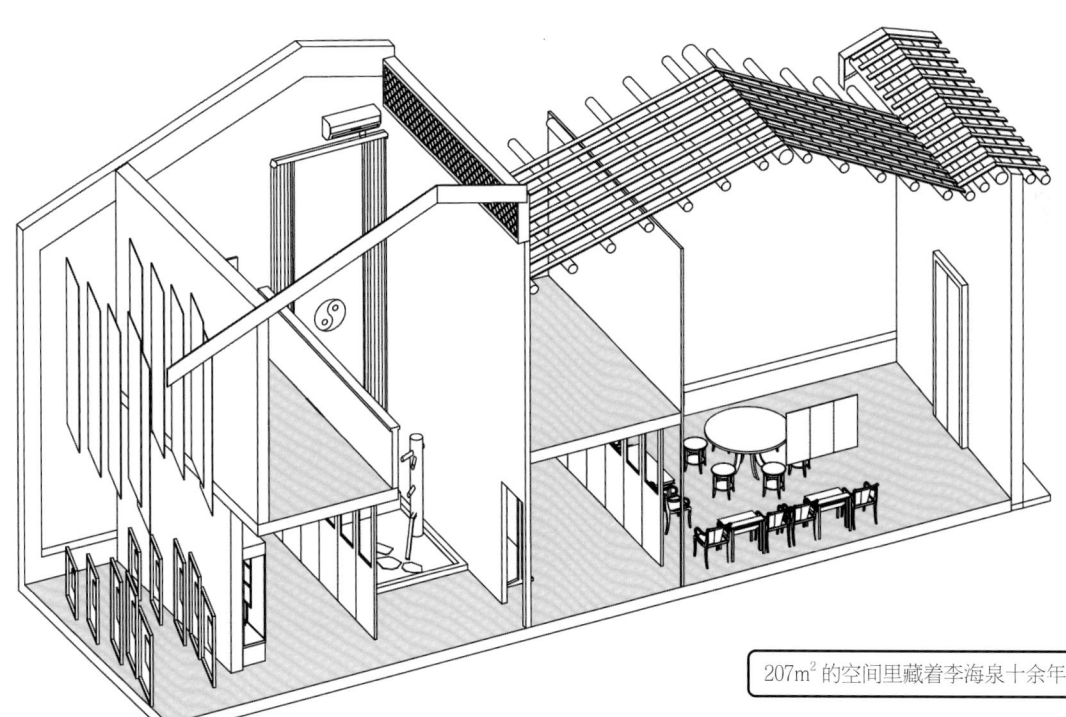

207m² 的空间里藏着李海泉十余年的生活经历。

三雕一彩一绣展馆

　　三雕一彩一绣展馆的新旧结构在空间里产生了强烈的视觉对比。人们在茶楼饮早茶的同时,还能聆听到钢琴乐队的弹奏,这种更符合年轻人喜好的生活方式,能够更好地将早茶文化传承下来。展览、茶楼、音乐厅、舞厅等功能使得该建筑有了人情味和烟火气。

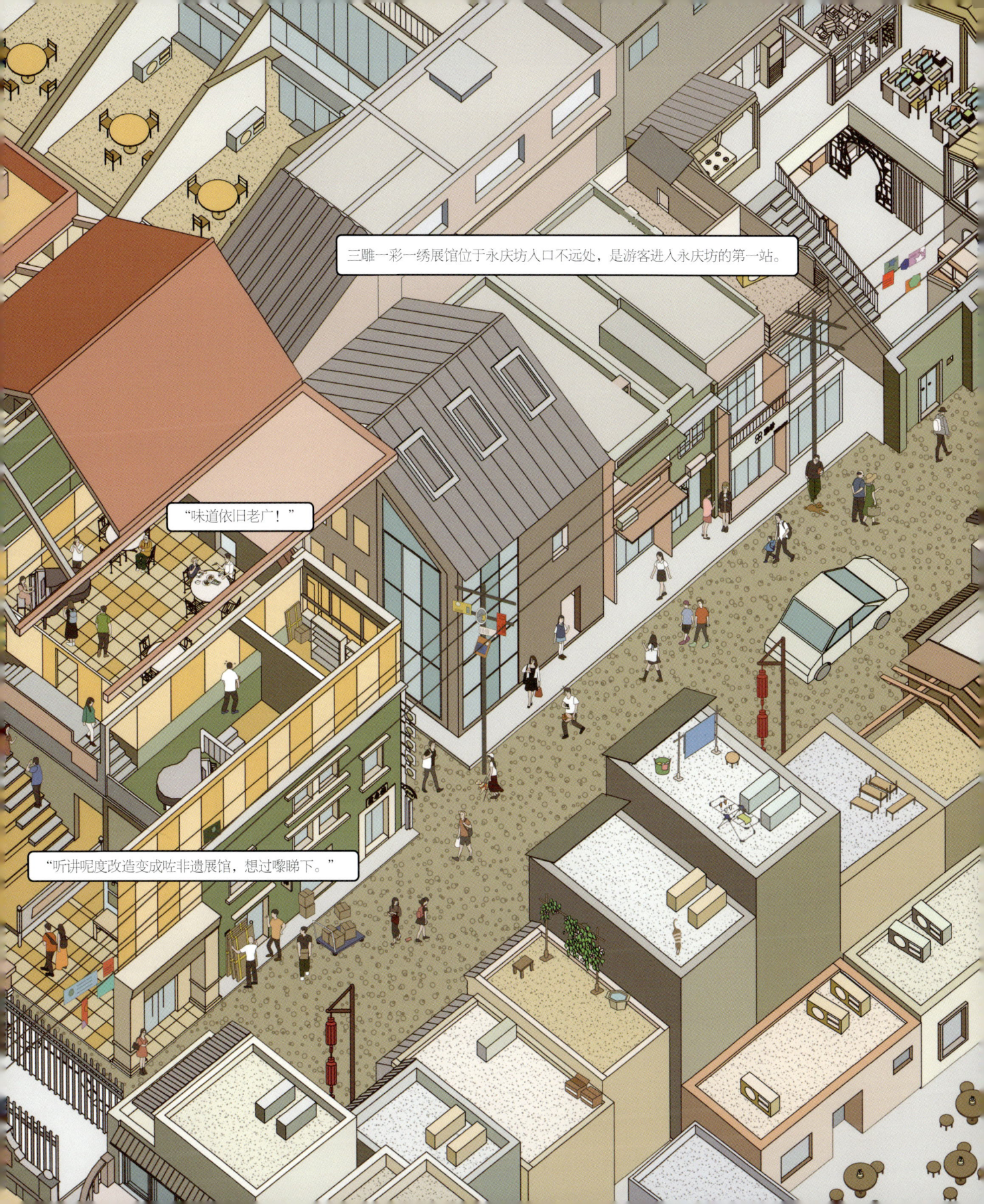

设计师对该老房子进行改造后,展馆内汇聚了雕刻、彩瓷、刺绣等非遗工艺品,琳琅满目,让人应接不暇。永庆坊也于2020年8月正式成为广州首个非遗街区。

"妈咪,咩嘢係三雕啊?"

"三雕包括咗牙雕、木雕、玉雕三种。"

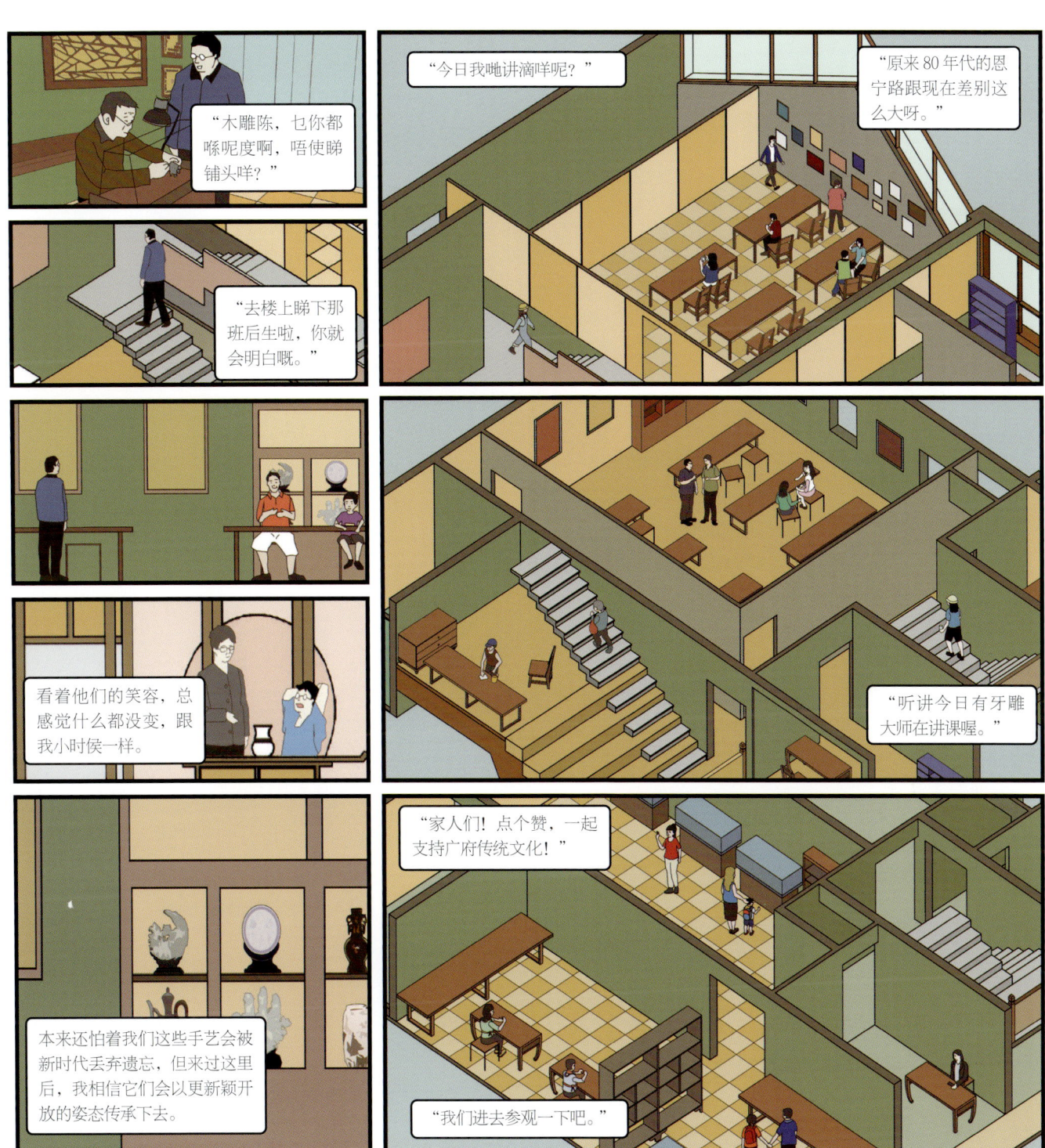

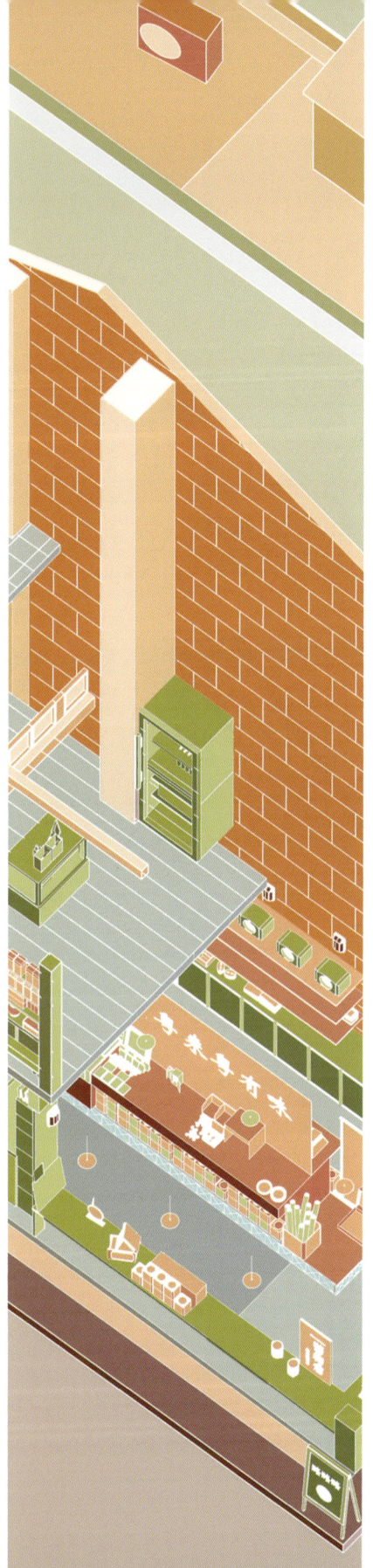

旧物仓

  从正门走入，抬头便可看见醒目的招牌"旧物仓"，橱窗内安静陈旧的物件，与窗外熙熙攘攘的街道形成对比，仿佛时间凝固在了过去。旧物仓一共三层：一层是手信、装饰品、文创周边；二层的"旧坊小酒馆"里有种类丰富的广府怀旧饮食；三楼的"返寻味图书馆"则是一个属于广州的袖珍资料库，每层的楼梯上都陈列了不少有意思的旧物。

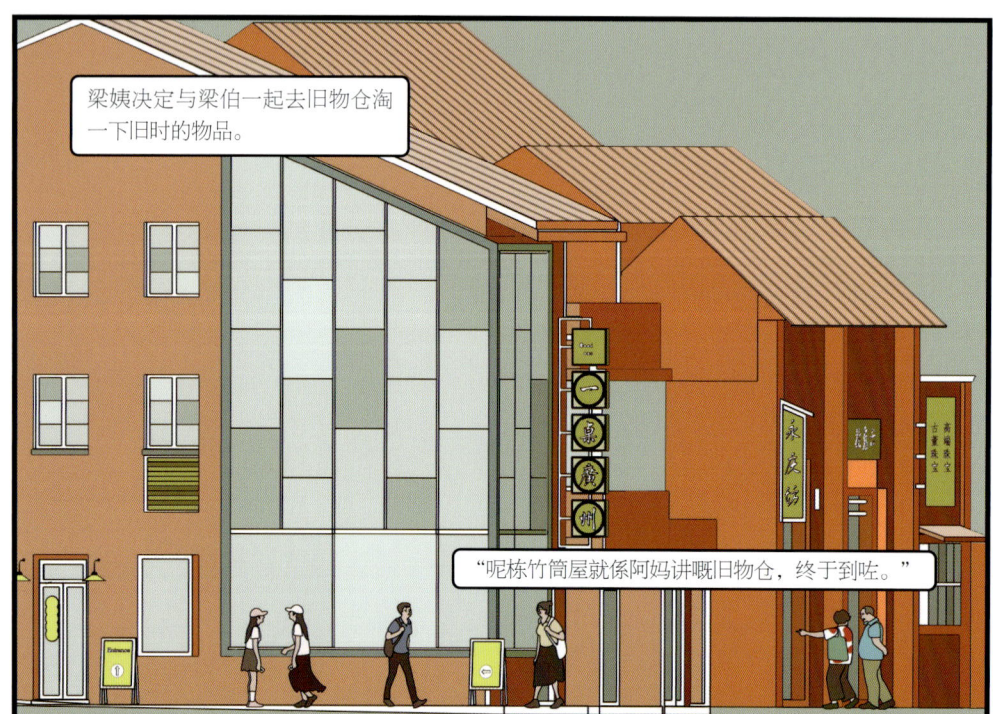

二楼有古法茶饮、怀旧饮品,还有桂花糕、杏仁豆腐、云吞等特色小吃,带来广州独特的味觉体验。

甚至,还能在三楼这里看书。

让梁姨没想到的是,昔日破旧的"竹筒屋",在改造过后摇身一变,成为了年轻人的打卡胜地。

"以前同你出街,冻柠茶想饮就饮。"

每个角落都摆满了旧物,暖黄的灯光照亮了整间店铺。那种感觉很温馨,像极了回到以前住的老房子里。

"听讲旧物仓开始唔係要走情怀路线,係因为经营个老细破产咗,最后稳到个破烂地方开店。"

一心只想清仓,换钱还债,没想到却存活了下来。现在的旧物仓像是一座扎根在老城中的记忆之桥,一端连着这座城市当下的生活,另一端连接着人们的回忆。

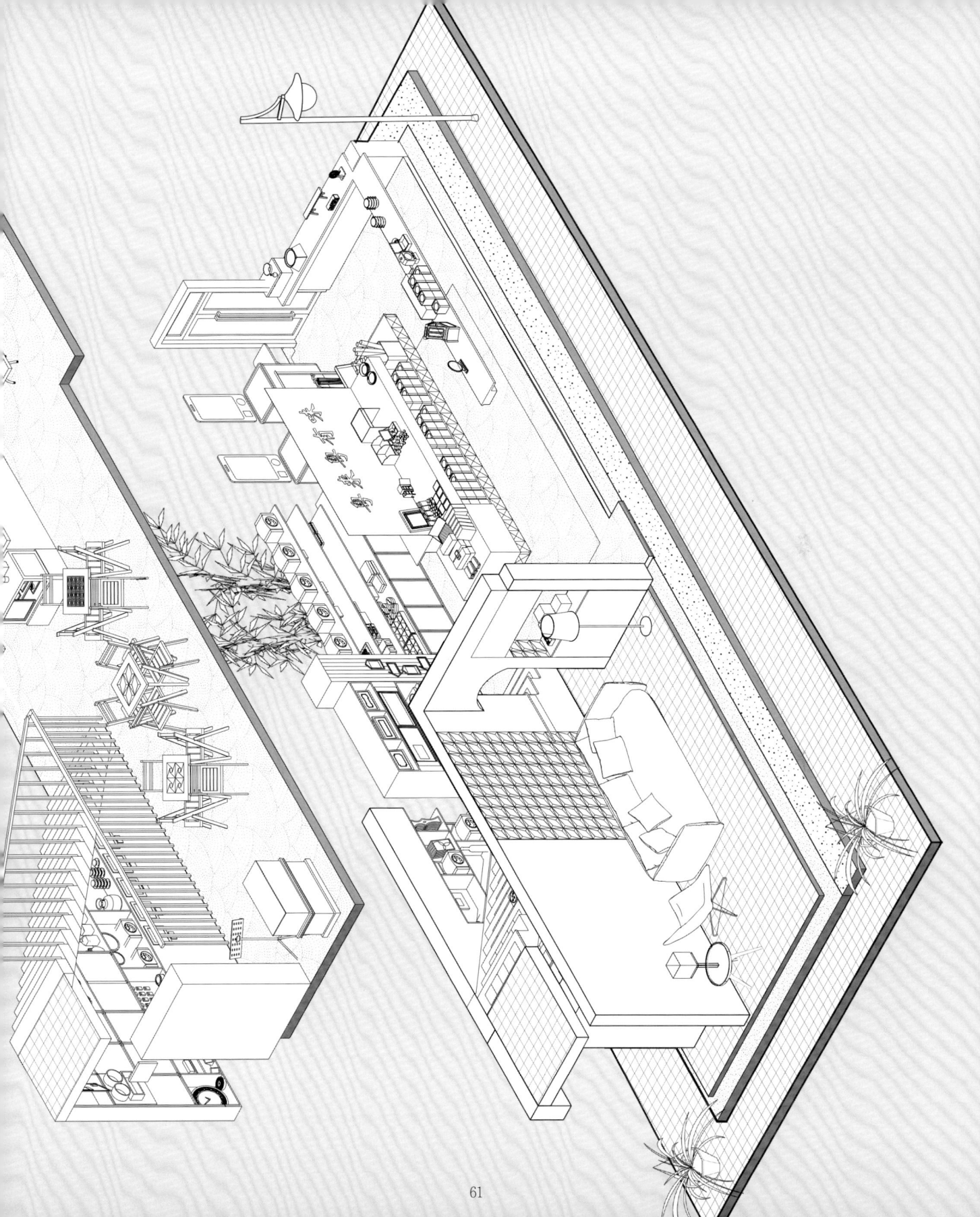

连廊中庭

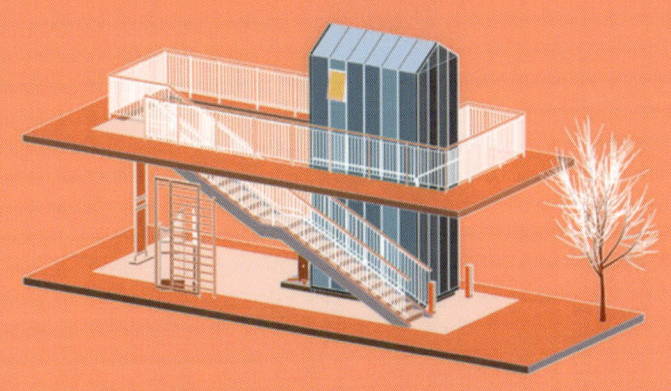

　　设计师运用最适合永庆坊的设计手法,实事求是,大胆改变"竹筒屋"的传统结构,在街区中间置入一个个采光天井,使新鲜空气与阳光得以透入街区内部,也满足现代空间的使用需求。连廊中庭是永庆街区的共享中庭,中庭周边是共享办公社区,它们和中庭连廊一起,大大提高了永庆坊街区对年轻创业人群的吸引力。

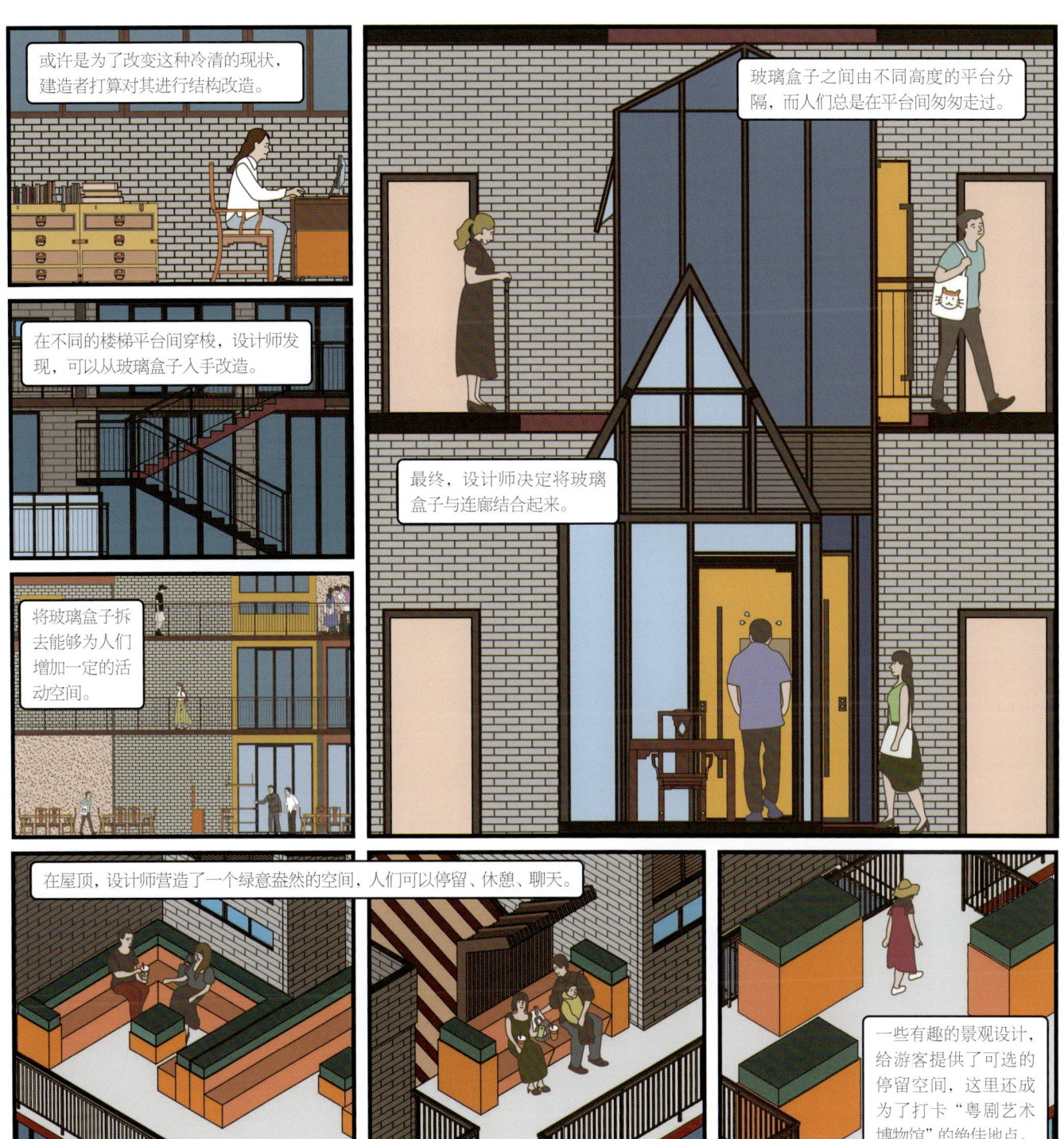

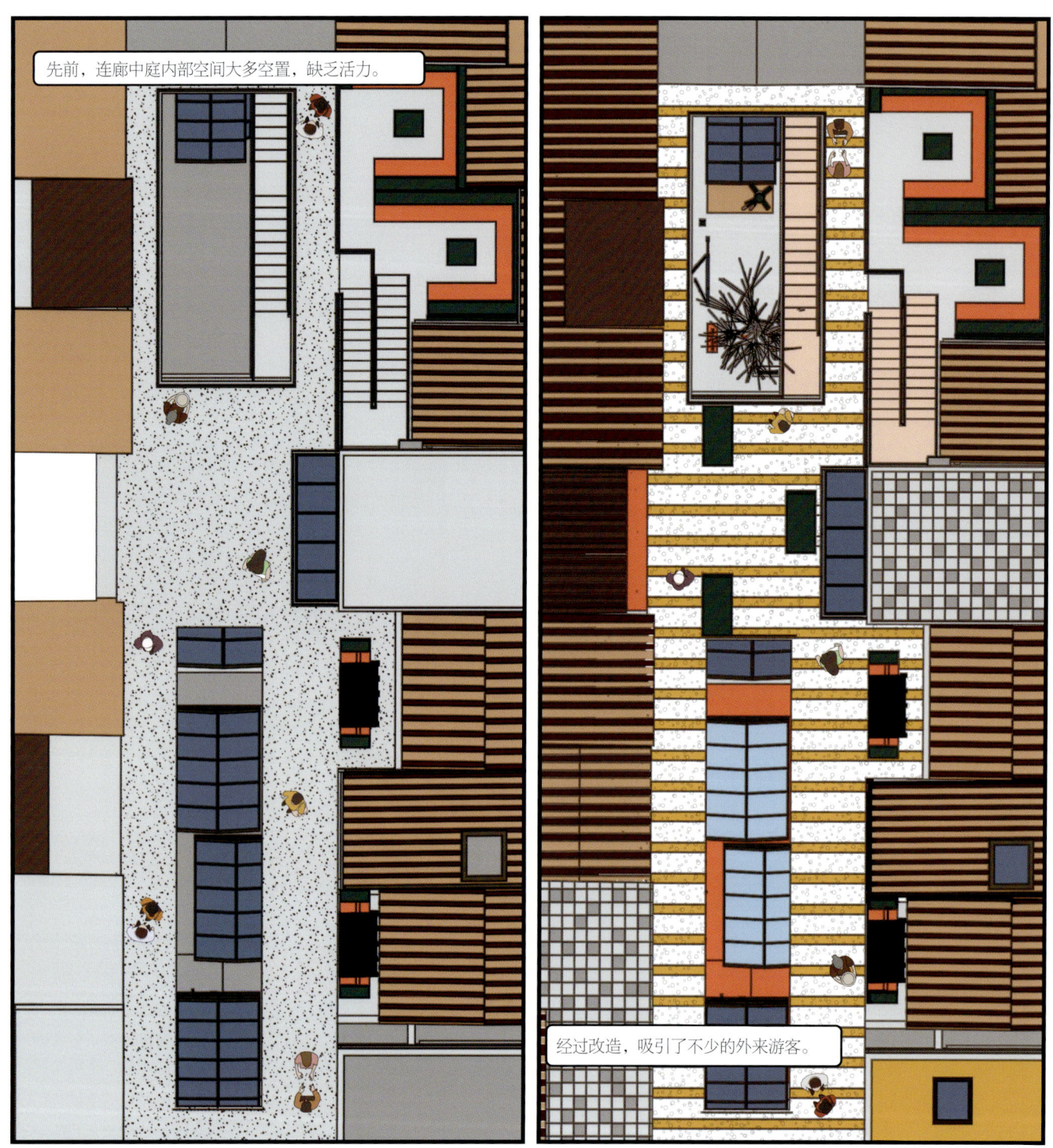

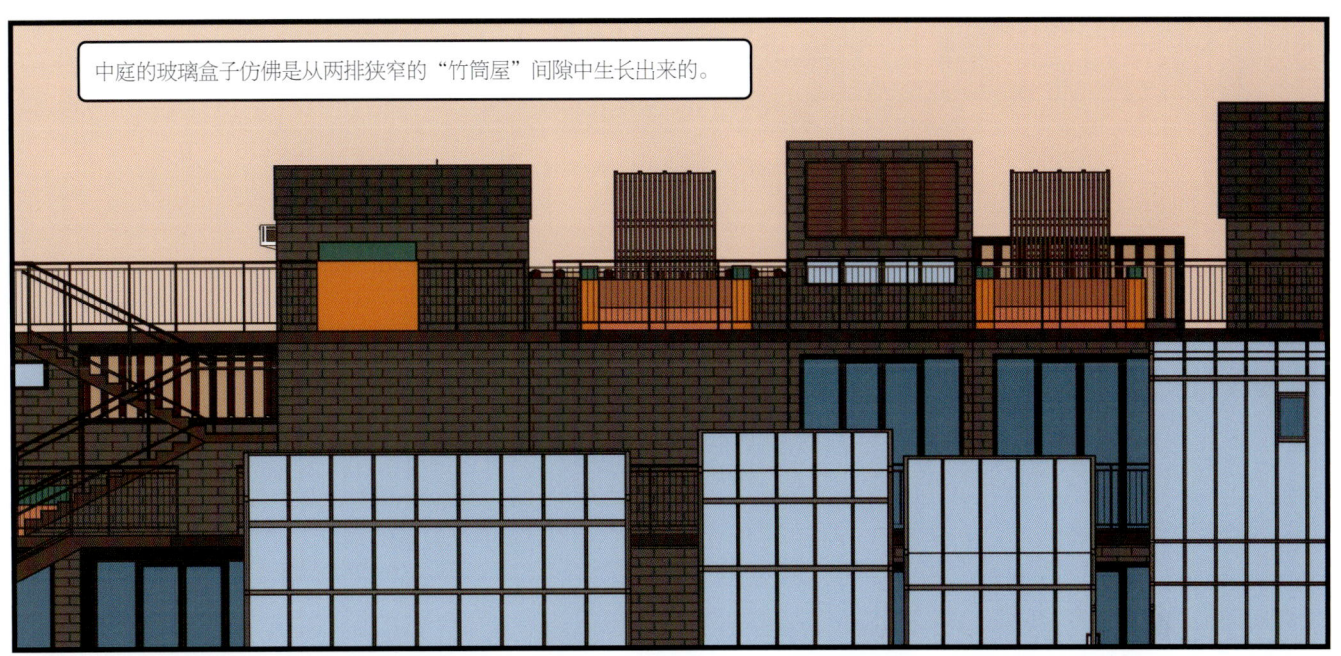

中庭的玻璃盒子仿佛是从两排狭窄的"竹筒屋"间隙中生长出来的。

而原先一个个玻璃盒子,经过改造后又成了什么模样?

有的玻璃盒子被改造为办公空间。

有的里面是共享空间。

有的里面是创意小店。

运营初期,这些林立的店铺业态杂乱,定位不明确,其中的老板换了一茬又一茬。

站在连廊上,可以观赏到岭南建筑设计的典型案例——粤剧艺术博物馆,这里已经成为一个广受大众欢迎的网红打卡点。

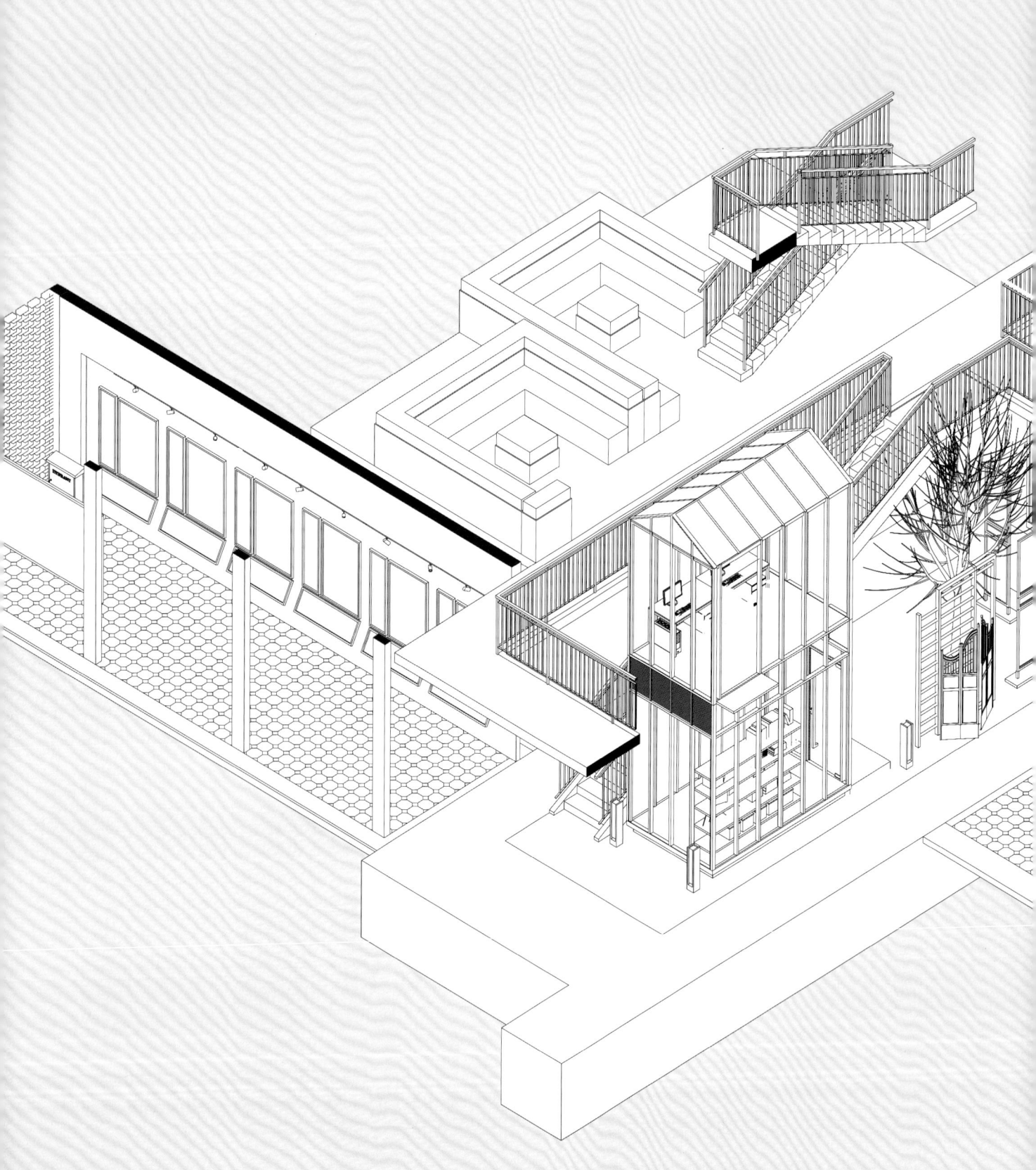

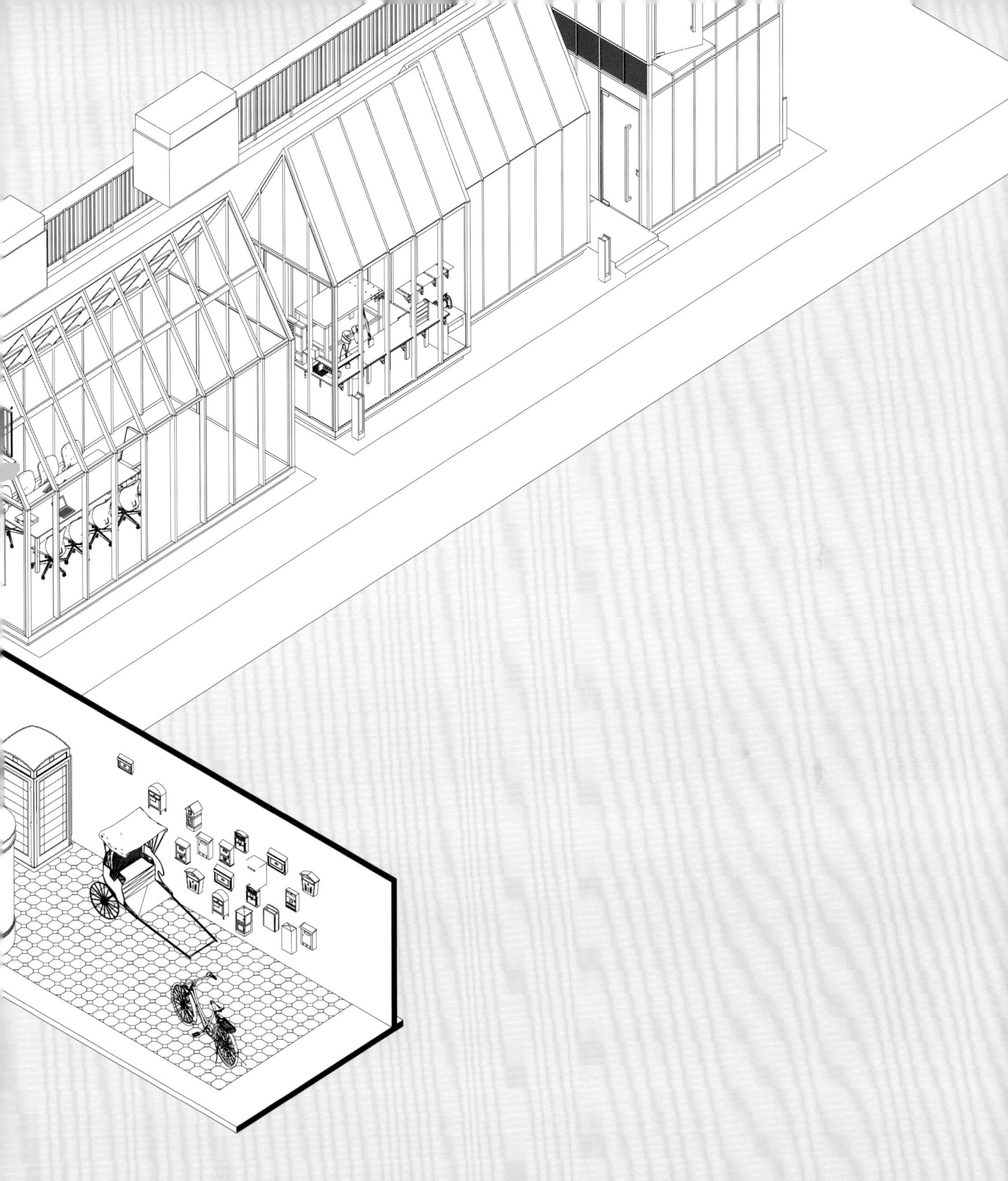

六克拉

在六克拉的改造中,设计师在屋面形式上"顺势而为",保留原建筑在不同历史时期形成的多重折叠屋面的空间,并在建筑内部嵌入现代的钢柱梁结构系统,形成全新的屋面结构体系。为了延续原建筑的历史感,设计师保留了四面红砖墙,在不破坏原有旧红砖质感的同时,在砖墙内部灌浆加固。新材料与新构件的加入,使原本的历史记忆得以重现并延续下来,也满足了现代功能的使用需求。

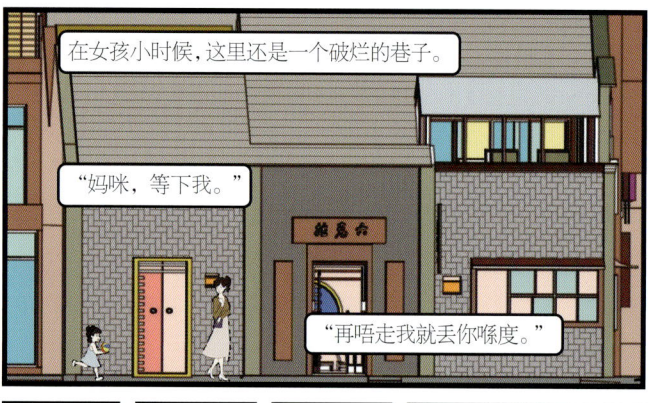

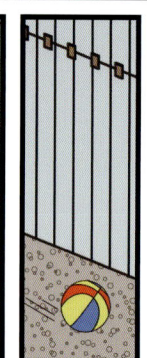

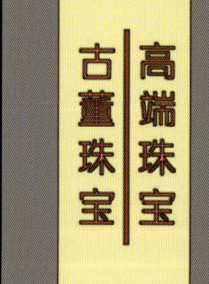

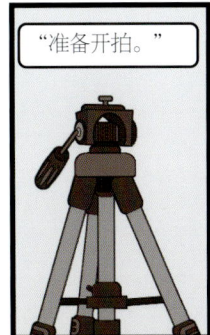
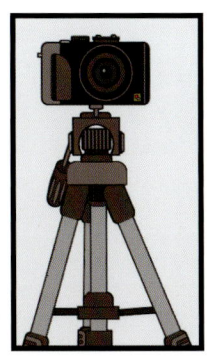
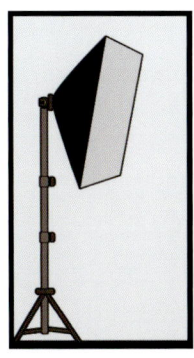

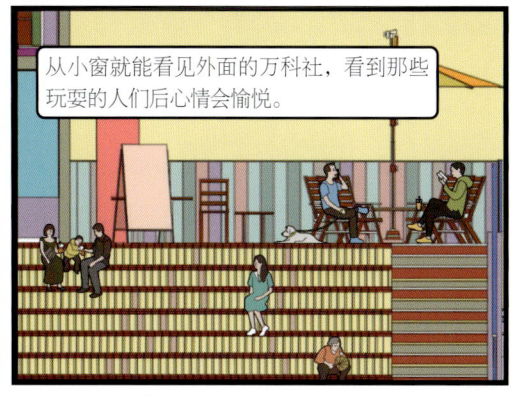

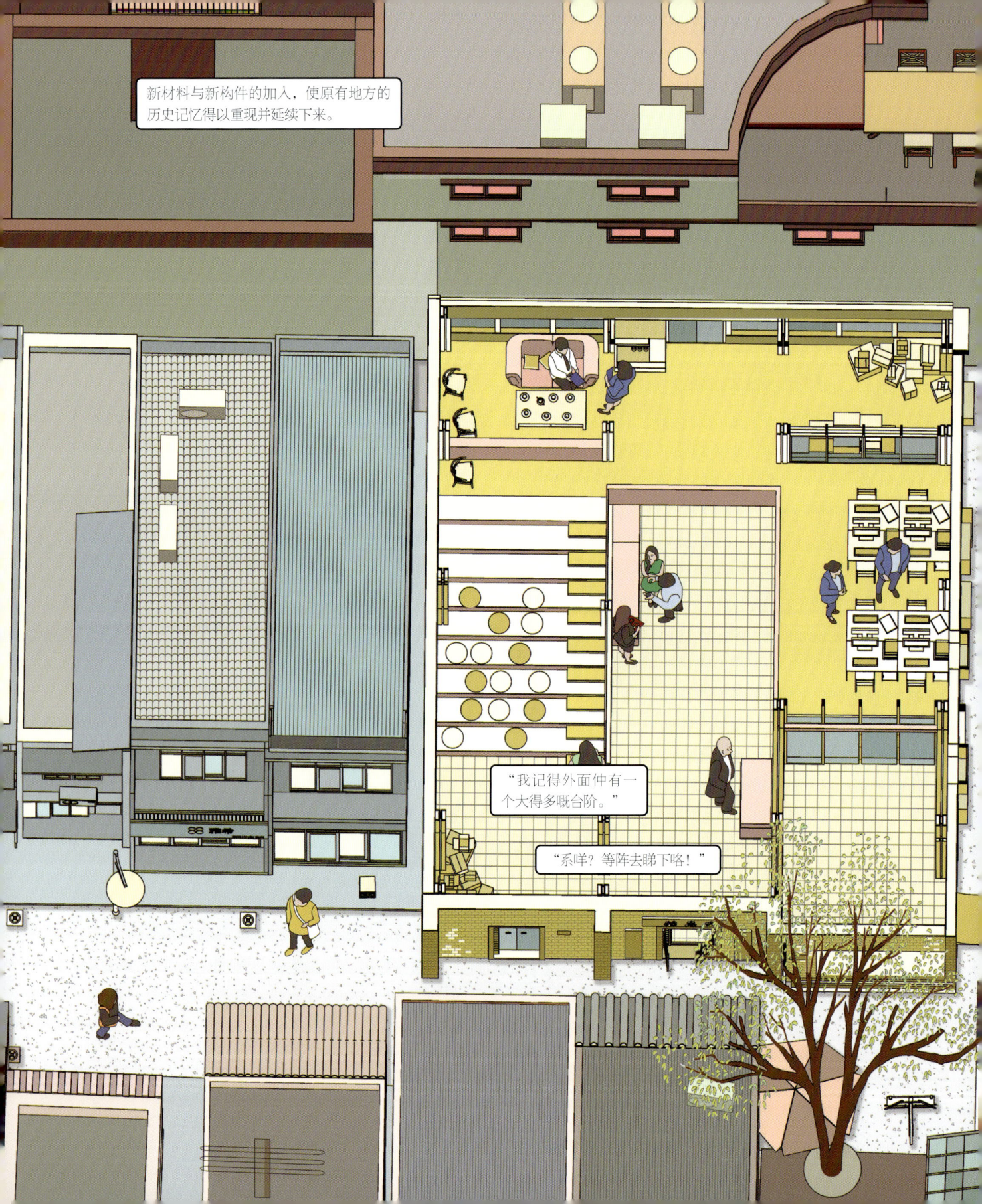

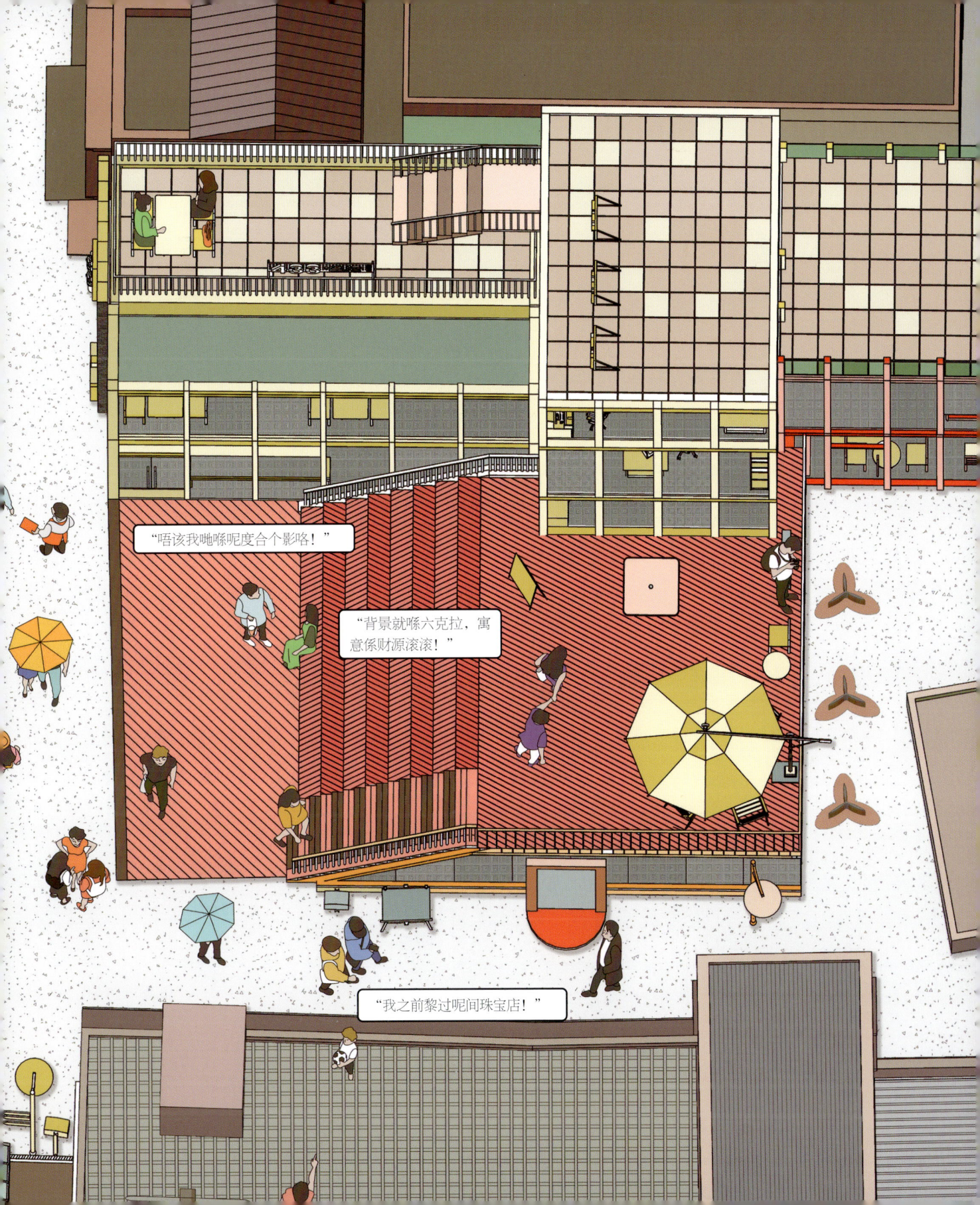

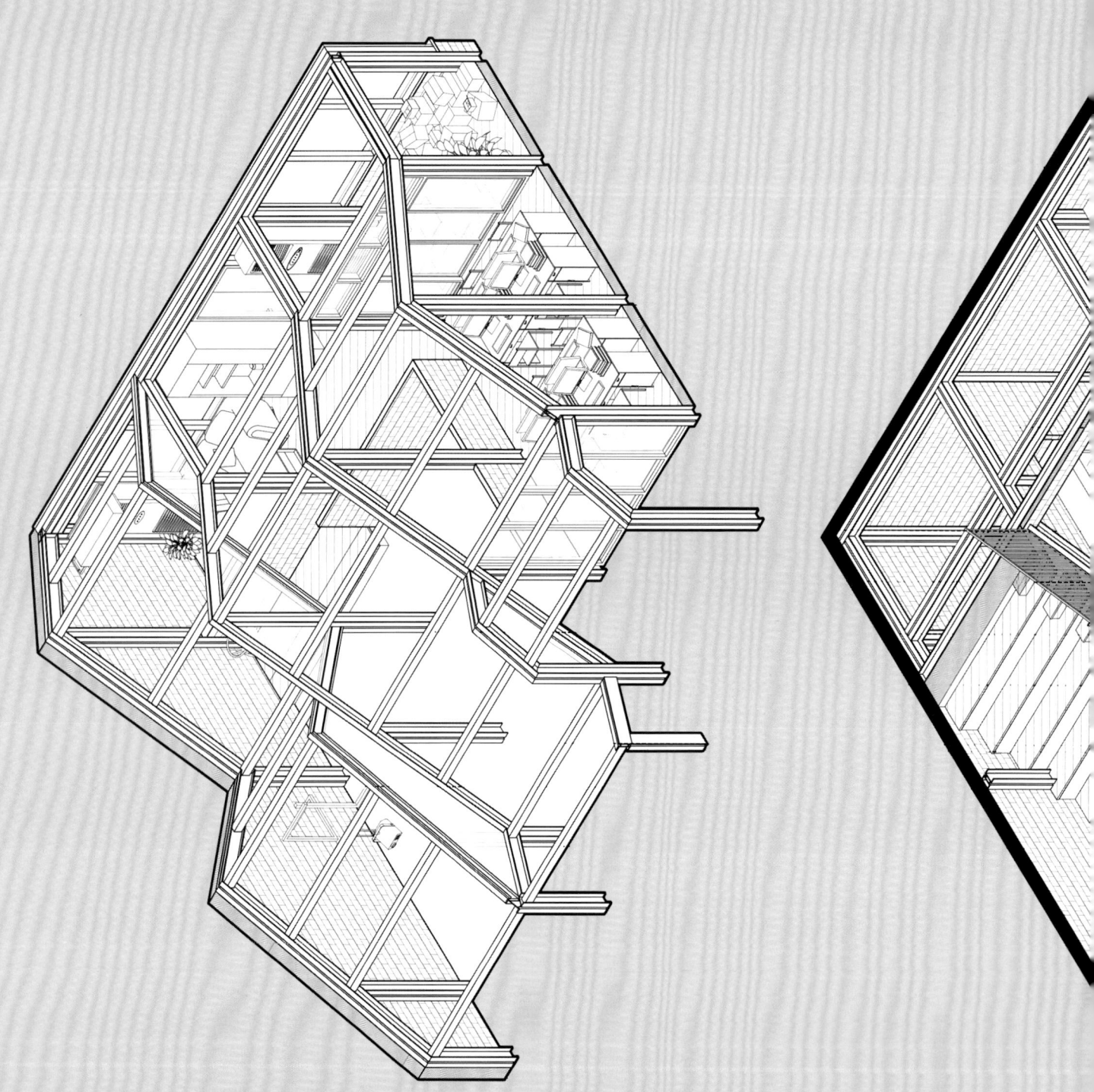

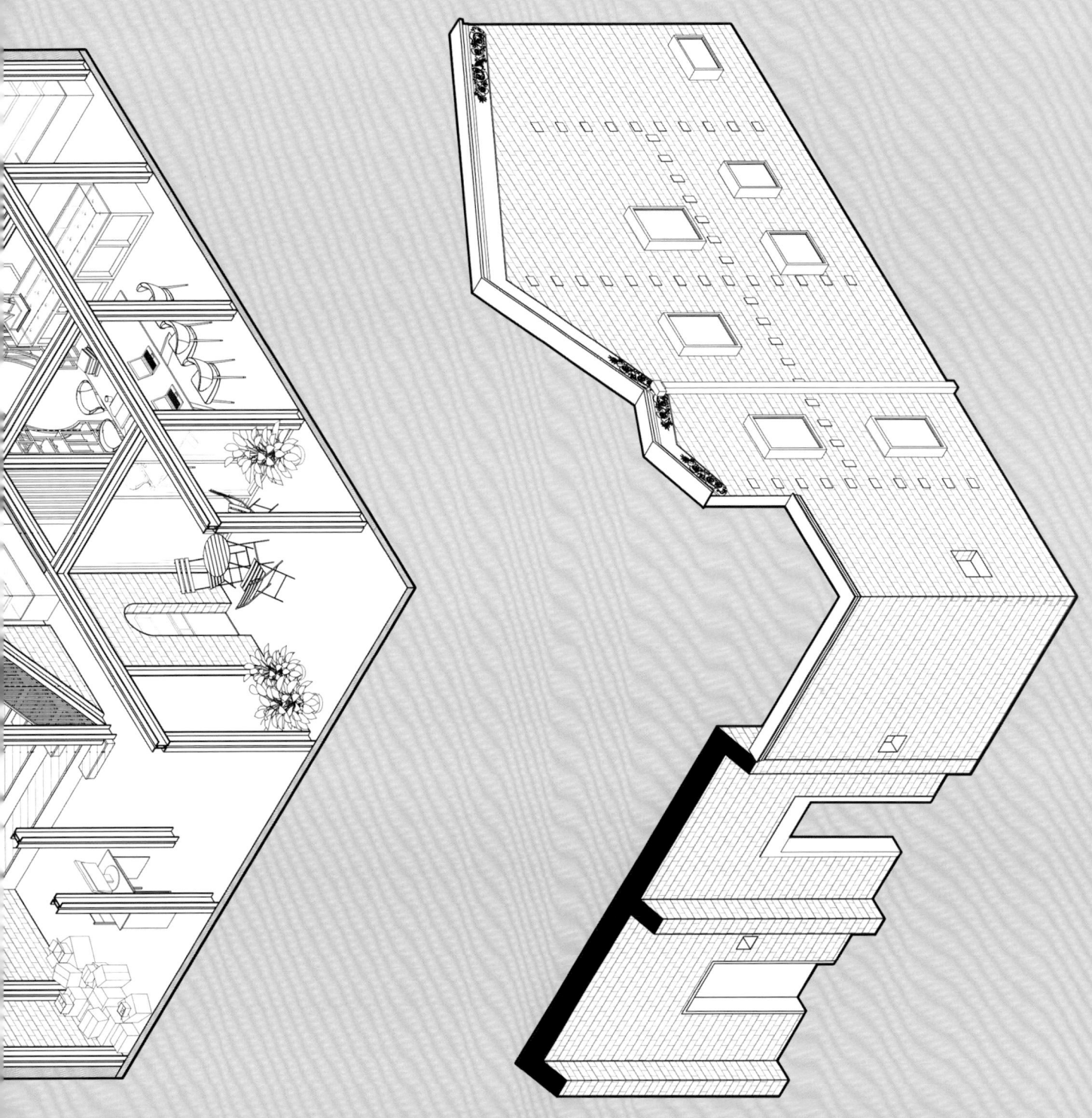

万科社

　　作为永庆坊微改造一期工程中被改造过的三处建筑之一，万科社所在的位置原本有三栋红砖旧建筑，在设计之前，仅有一栋留存。设计师用三个小玻璃体块组合的方式削弱新建筑的体量感，局部使用了旧建筑的红砖，试图唤起人们对旧场所的回忆。旧建筑的加固构件也形成了延续传统的"戏台"——大台阶，它可以是一个光怪陆离的奇幻世界，也可以承载柴米油盐的人间烟火。

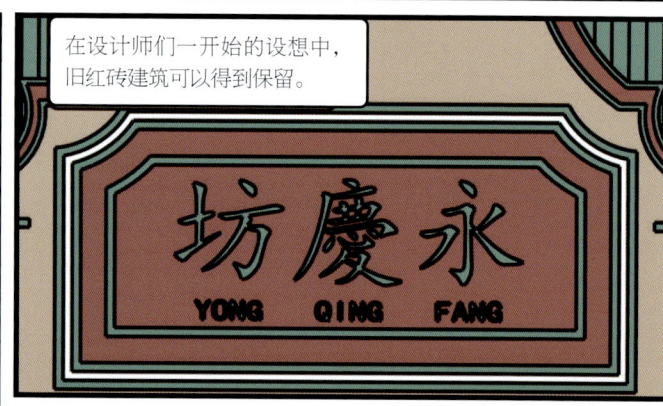

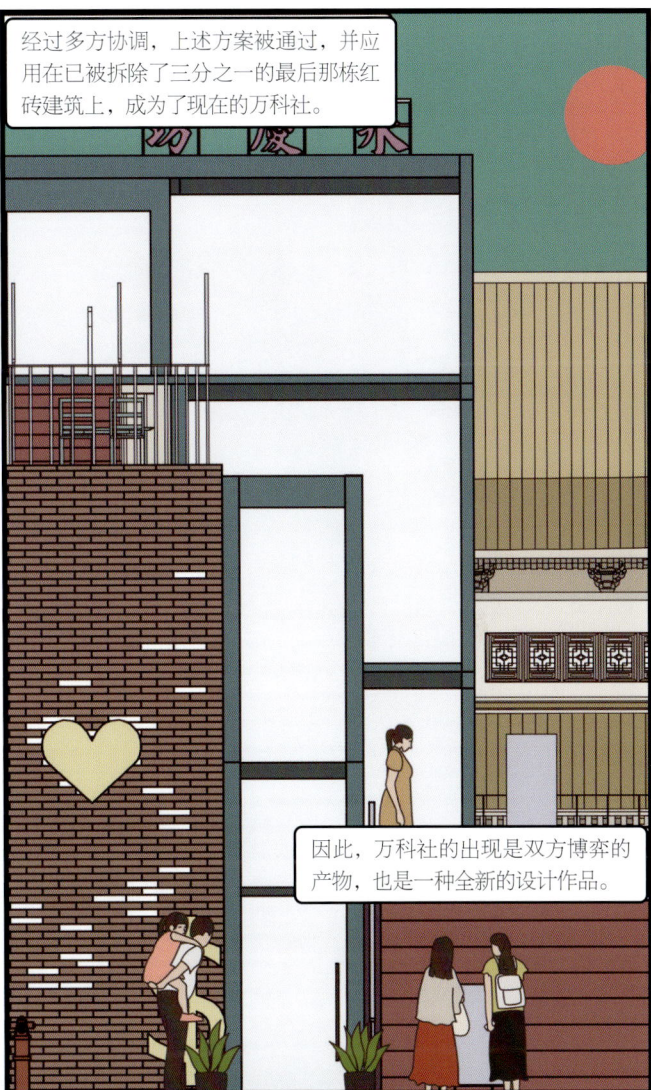

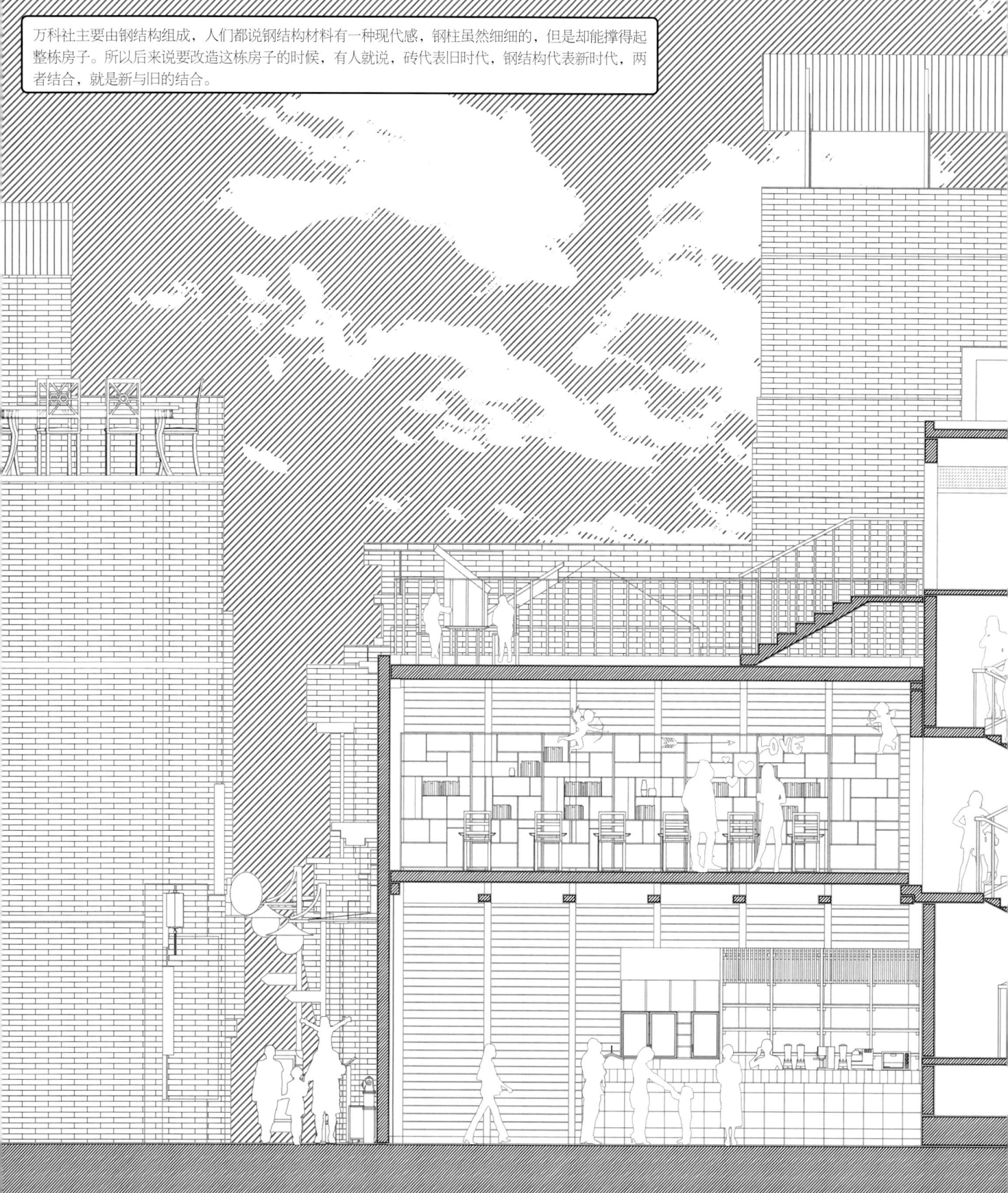

万科社主要由钢结构组成，人们都说钢结构材料有一种现代感，钢柱虽然细细的，但是却能撑得起整栋房子。所以后来说要改造这栋房子的时候，有人就说，砖代表旧时代，钢结构代表新时代，两者结合，就是新与旧的结合。

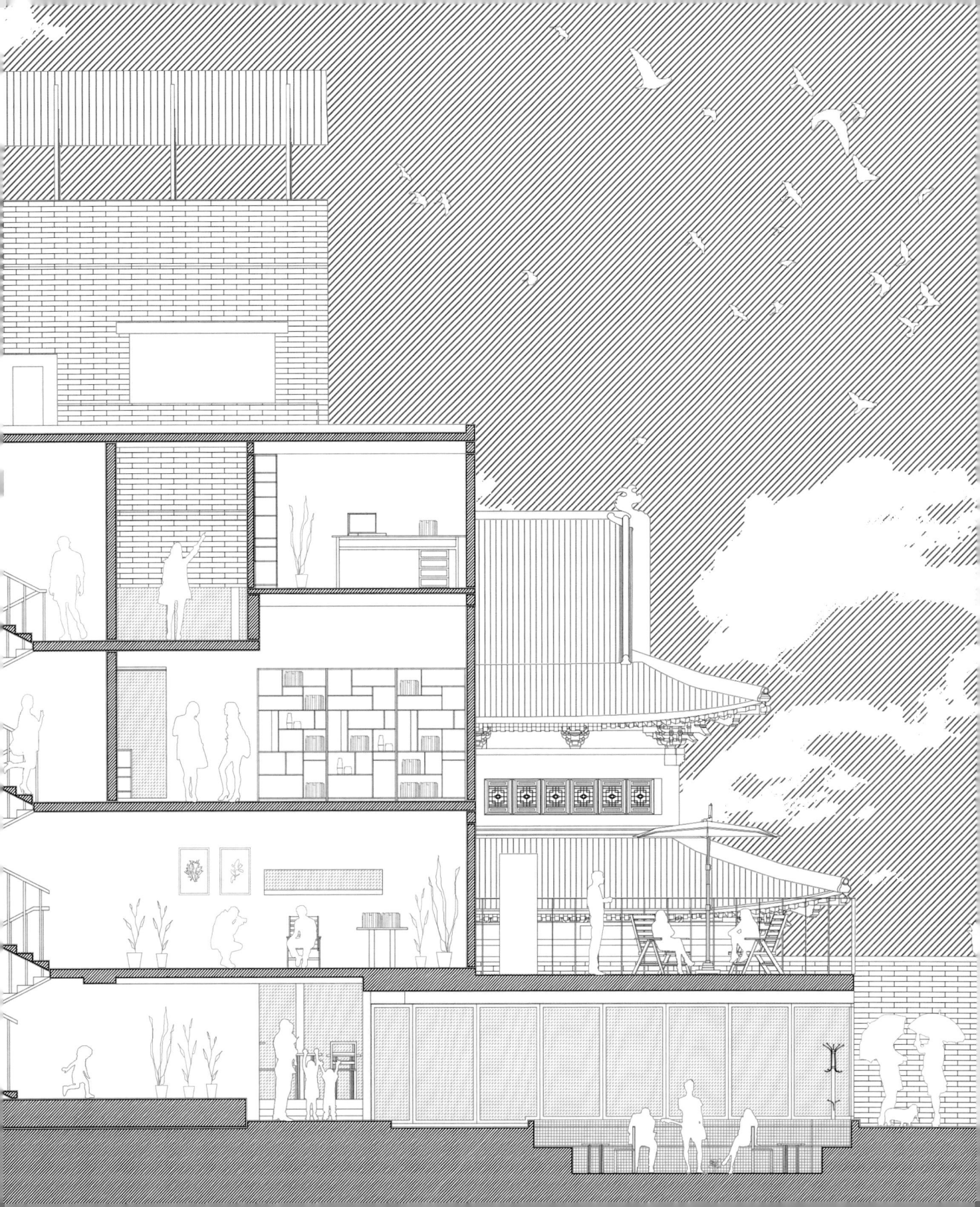

逢庆大街

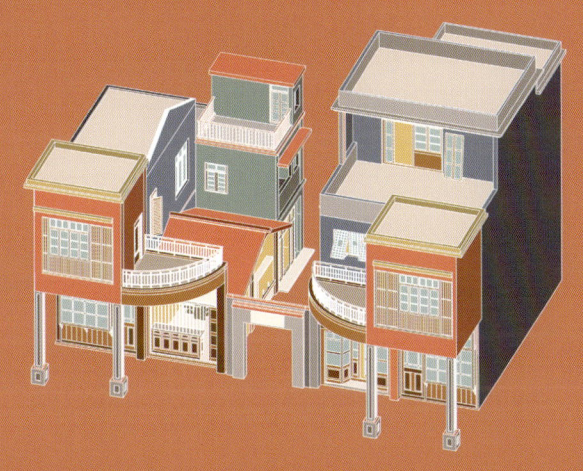

　　逢庆大街与改造后崭新的永庆坊虽只有一路之隔,却有着另一番景色。狭窄的街道上,行人来来往往,两侧高低错落的骑楼之下,是鳞次栉比的商户。与主街道的水泥沥青路不同的是,逢庆大街的街道仍然保留着传统的麻石地面,广州夏季湿热多雨,麻石地面良好的吸水性正好适应了当地气候条件。

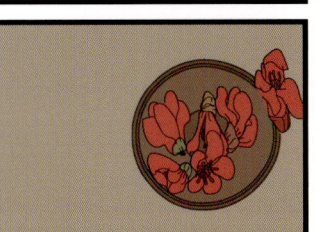

傍晚到家时，昨夜晾好的衣服和一个星期前采集的木棉花，都在阳台上脱干了水分。

"今晚就做个木棉花煲猪骨汤啦。"

"放学番来就知道睇电视。"

等爸妈下班后，就可以一家人一起开饭了。

"我同你哋讲，我今日喺学校里……"

当邻居阿姨窗户紧闭、仍在熟睡时,孩子们已经迫不及待地开始享受周末。这是他们独享的、清晨时安静的街道。

等邮差把信件和报纸送到时,爷爷奶奶也到点去茶楼拿位了。

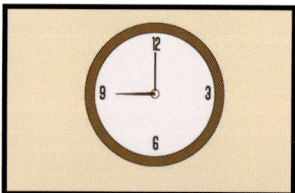

孩子不懂"一盅好茶叹三时"的意义,把糕点都吃光后就去约小伙伴玩。

"我哋去连环画书店睇下啦!"

《孙悟空三打白骨精》《杨家将》《三国演义》等经典连环画被争相取阅,孩子们从翻开第一页起,一看就是一天。

书店对面的阿伯经常在屋顶晒鱼干,孩子们试过偷偷越过天台,摆出想偷鱼干的样子,和阿伯闹着玩。

试过一次就觉得没意思了,但书店旁边的马蹄爽吃多少次都不会腻。

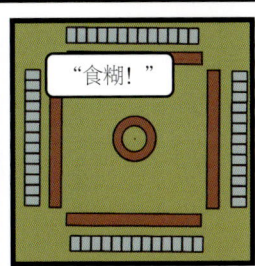

从前,广州的楼都建得不高,车都走得不快,一个包裹送去城市另一头,要走好多天。而在一切都追求高效率的今天,逢庆大街依然保留了自己的时间节奏。在这里,你仍旧能看到高速城市化前老广州人的众生百态,听到他们讨论家长里短。

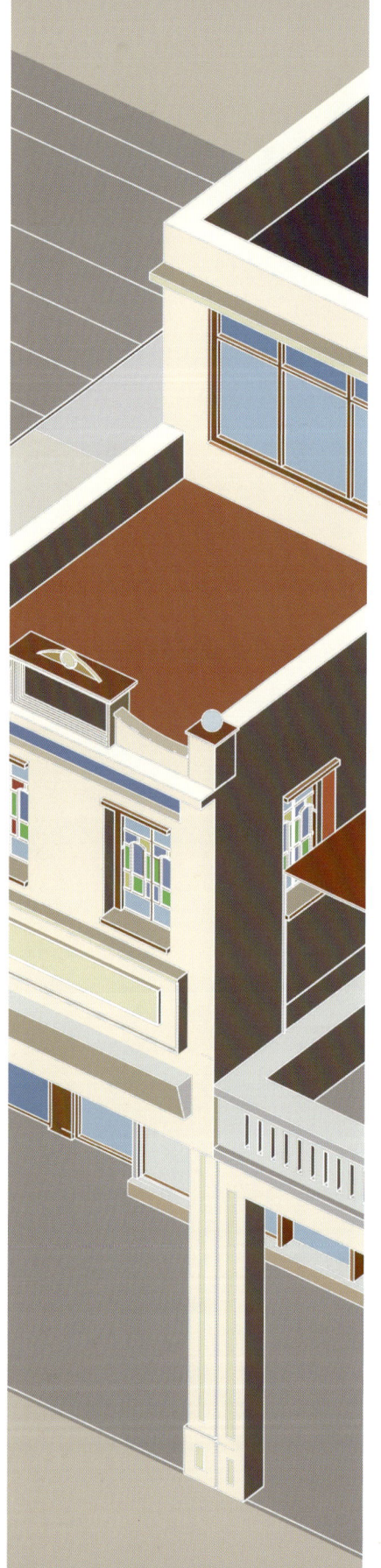

骑楼街

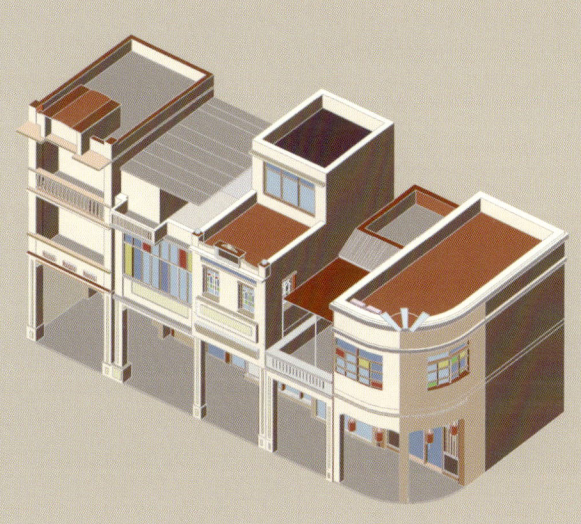

　　如今自成一格的骑楼街，起初是作为城市街道规划的一部分进入人们的生活，在形式上参考了西方古典建筑，聪明的南方人又结合岭南的亚热带气候对其作了改进，使得其装饰简洁、讲究实用而又显得轻盈自在，这些也正是岭南建筑一脉相承的典型特征。时至今日，骑楼街仍然承载着大小社交，见证着人情冷暖……

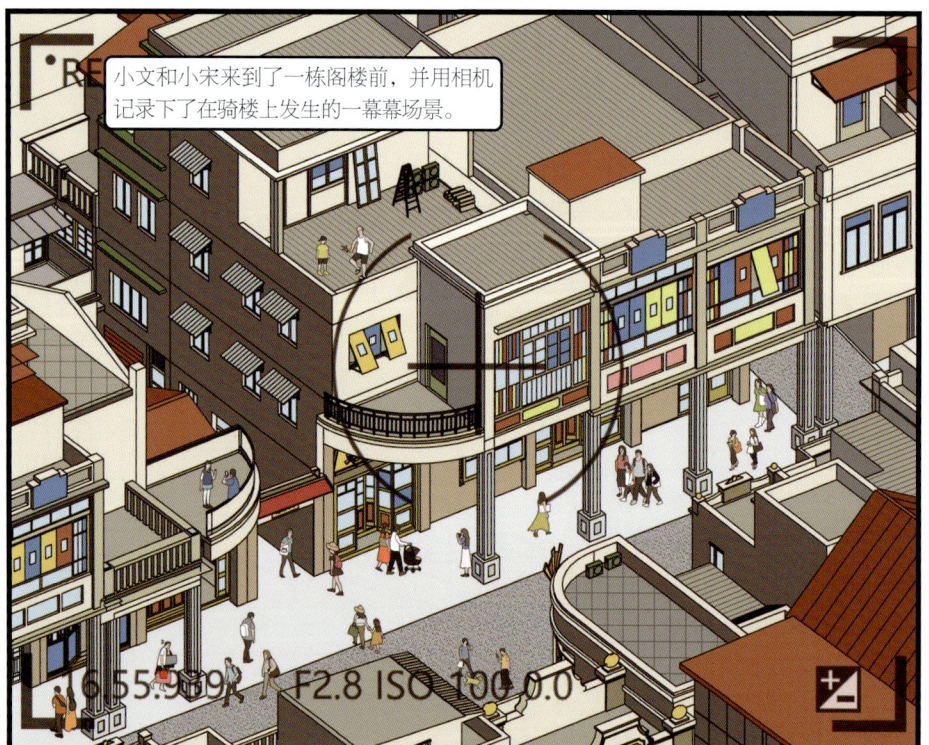

小文和小宋来到了一栋阁楼前,并用相机记录下了在骑楼上发生的一幕幕场景。

阿公在骑楼一楼开了间小卖部,正在卖力吆喝。

阿嬷在二楼晾刚刚洗好的衣服。

"好热!稳个地方避一避啦!"

"好啊,骑楼下边凉快好多。"

"哇,真的耶,这里和我们北方的天气真是不一样,广州这么热,这些小小的骑楼却能挡住这么猛烈的阳光。"

"这里原来还是竹筒屋呢,凉快得很呢。"

骑楼是一种典型的外廊式建筑物，外廊渊源最早可上溯到约2500年前的希腊"帕特农神庙"。

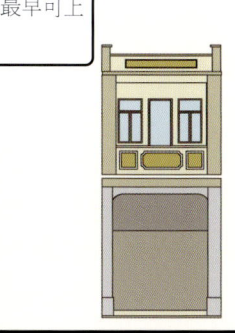

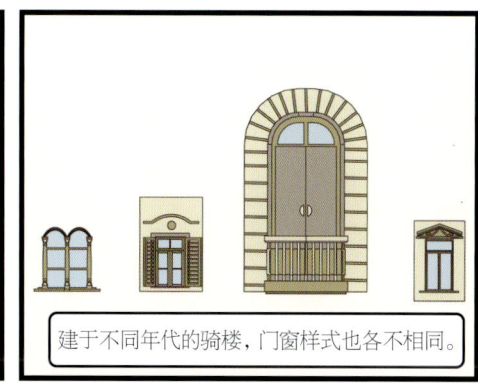
建于不同年代的骑楼，门窗样式也各不相同。

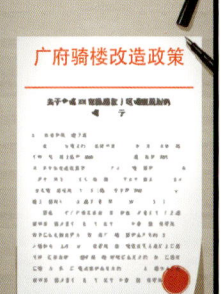
1912年国民政府为推进都市改造所颁布的细则规定："凡堤岸及各马路建造铺屋，均应在自置私地内，留宽八（英）尺建造有脚骑楼，以利交通之用。"这也是"骑楼"第一次出现在官方文件上。

骑楼街大大增加了街道的商业氛围，广州由此掀起了一股"骑楼热"。

骑楼就是为了适应南方潮湿多雨的气候，以及商业楼宇密集等情况而建造的。其跨出街面的外廊，既扩大了使用面积，又可防雨遮晒，方便顾客自由选购商品。

"哎，蔡婶，今日咁早开工？你嘅仔冇返屋企帮你呀？"

"唉，咪讲佢个衰仔啦。一番嚟就稳佢朋友出去玩喇。"

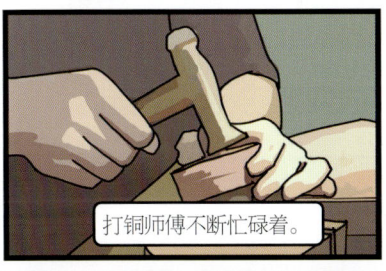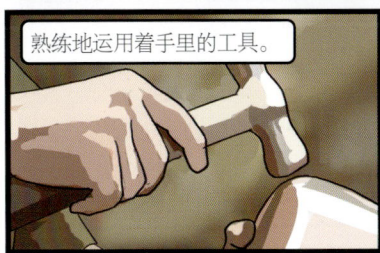

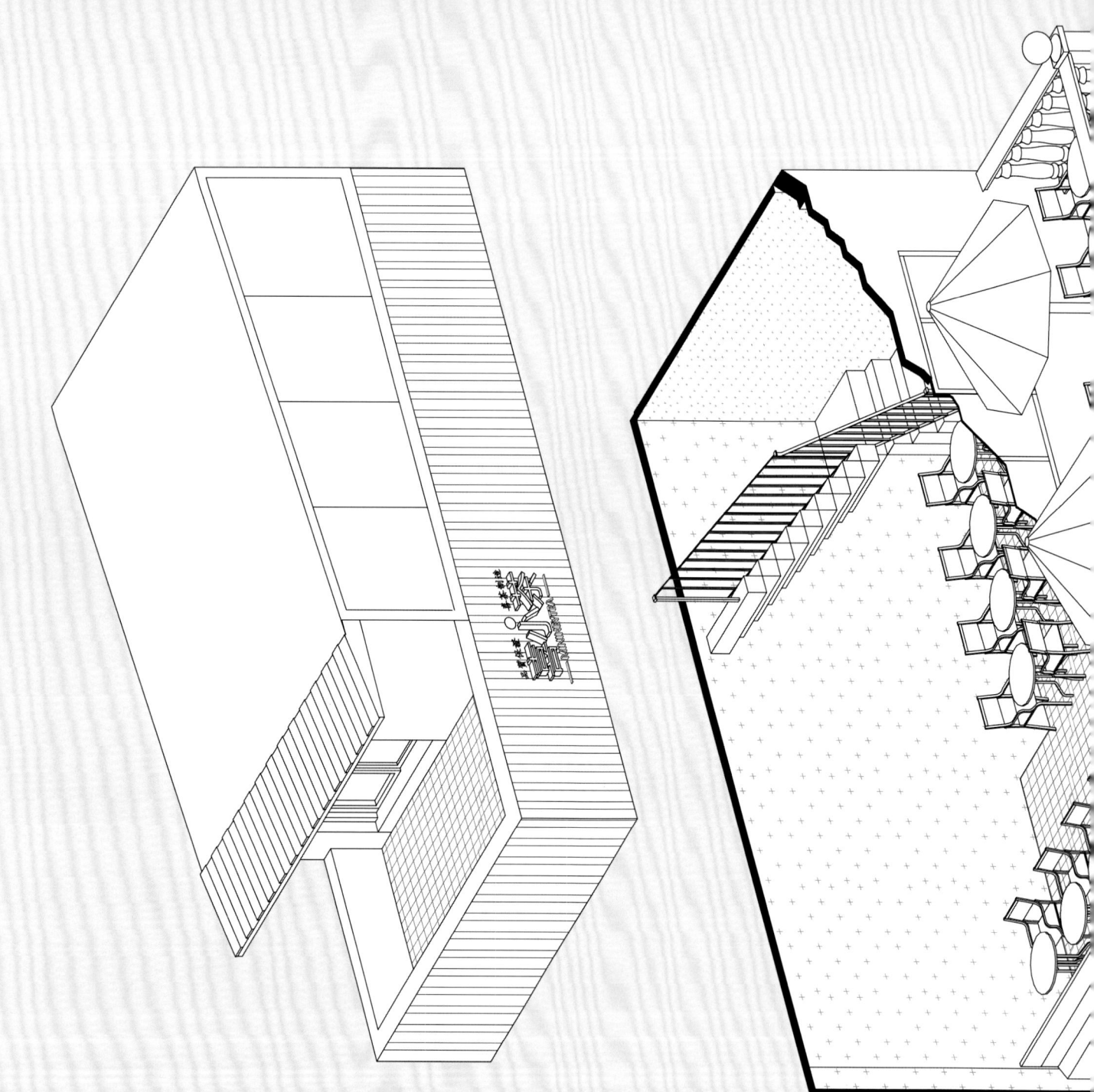

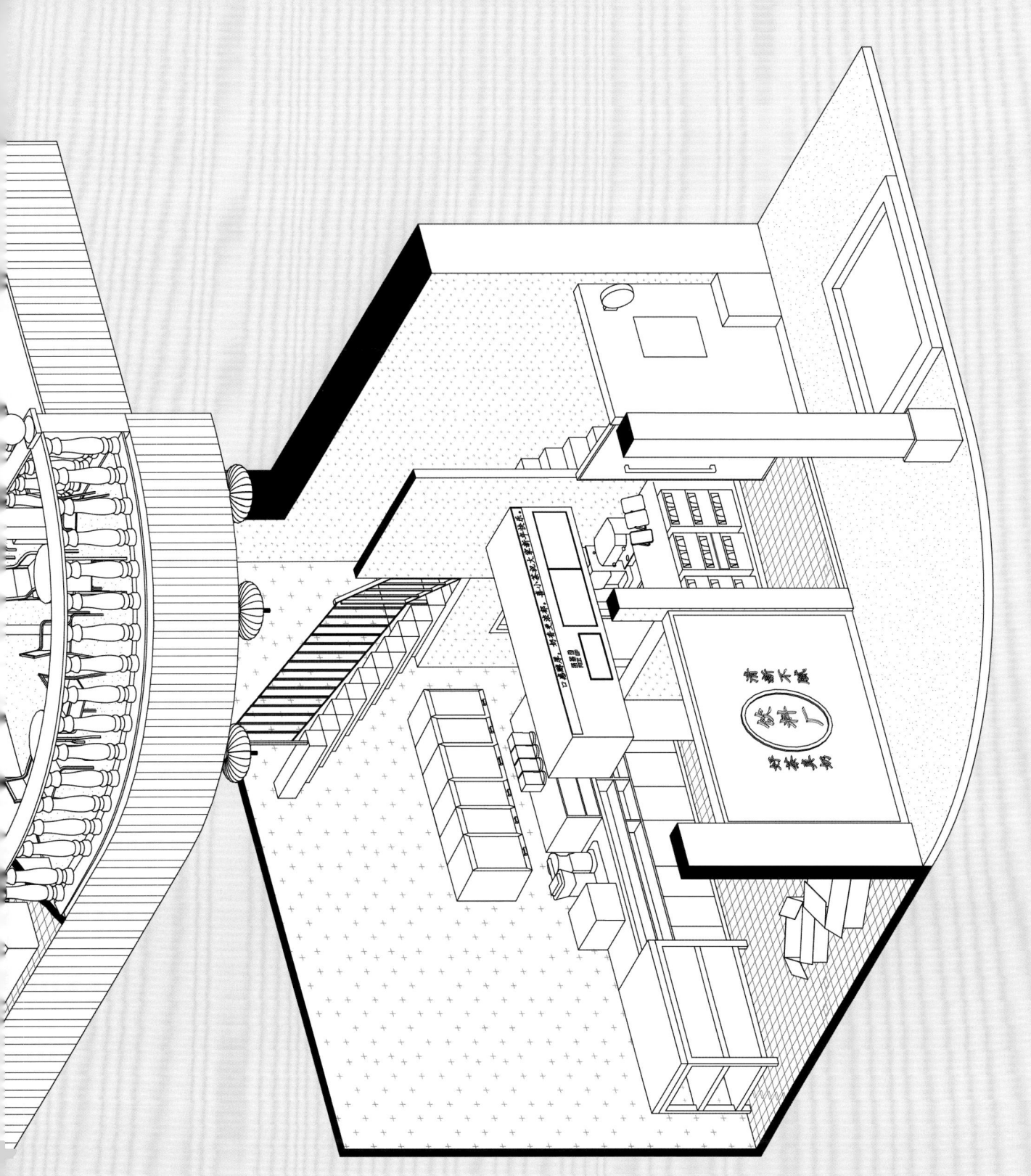

众谈

钟冠球
建筑师、竖梁社联合创始人、华南理工大学建筑学院教师

永庆坊改造项目是"微改造"这一针对性理念在广州的落地尝试，在缺乏本地先例指引的前提下，具有重要的实践意义，不仅衔接了传统和现代的城市风貌，也通过现代业态的植入激发了街区活力。旧城改造不是无条件的复古"修缮"，而是一次"更新"；我们没有必要一味地复原过去，而应该根据当前的需求和技术来创造——这是我在欧洲学习时得到的深刻启示。在永庆坊的改造中，我们实践了这种理念，在保持街区肌理和尊重历史的基础上，融入现代生活之所需，创造出既具有历史感又适应现代业态的空间。

广州的"竹筒屋"是独具特色的地方建筑，开间很窄，进深很大，形似竹筒，比例最夸张的可达到面宽约4米而进深超过20米。恩宁路片区内就有一批典型的竹筒屋。在改造中，我们尊重并保留了这些建筑的历史特色，比如，对于过去作为主要排烟通风出口的天井空间，设计保留了四周的围墙，同时把中间天井的隔墙拆除，将竹筒屋建筑群的众多小天井合并成一个公共开放空间。

粤剧艺术博物馆是郭谦老师设计的，他认为粤剧应该融入生活、融入城市，不要把自己围在私家园林一样的场所内，他把围墙一角打开，露出博物馆内的园林场景，人们在巷子里行走，不经意间便能瞥见精彩的岭南园林一角。粤剧艺术博物馆这种尝试是很有意思的，在这里，人们能看到内与外的连接，传统与现代的融合，以及历史与现代的对话。

在永庆坊改造中，我们还面临复杂的产权问题，特别是一些华侨房屋的产权难以确定。能够找得到原产权人亲属的，可以根据他们的意愿来进行改造；但有些房屋的原产权人及其亲属可能远在美国、新加坡、马来西亚等地，已经联系不到了，针对这种情况，政府会对房屋进行代管，我觉得这一点做得很好。

永庆坊二期与一期的规模不同，二期显得更为宽敞。这是因为二期有一部分由于各种原因被拆除了，新建部分是以"织补"的方式重新建造的，需要满足新的消防规范。改造后的永庆坊不仅产权建筑的价值得到提升，而且原本荒废的区域变得富有活力，显现出了商业价值，居民的态度也从最初的观望转变为愿意参与，这证明了改造项目的成功和它对社区的积极影响。通过这次微改造，我们看到了历史街区在保护与发展之间找到平衡的可能性，这也为其他类似项目提供了宝贵的经验。

总的来说，城市更新是一个复杂的过程，它需要我们在尊重历史的同时，不断创新，不断探索。我们需要找到一种平衡，一种既能体现历史韵味，又能适应现代生活需求的改造方式。这需要我们有开阔的视野，有创新的思维，更需要我们有自信、有勇气去实践。我们相信，这样的改造不仅能让永庆坊焕发新的活力，也能为广州这座城市带来更多的可能性。

谢涤湘

广东工业大学建筑与城市规划学院教授，研究方向为城市更新

永庆坊坐落于老城区，岭南人文气息和生活气息十分浓厚，很多老广州人居住在那里。永庆坊经过一期与二期改造之后，物质空间环境得到明显改善，广州的历史文化、地方文化充分地展现了出来，各类传统和新型文化旅游业态得到发展，进而吸引了大量的游客，成为了广州重要的文化旅游区、"网红打卡地"。

永庆坊所在的恩宁路历史文化街区属于典型的广州传统西关文化区，拥有丰厚的历史文化资源，在这里游客能感受到街巷的真实性。从永庆坊游客旅游动机的调研结果中也不难发现，一部分人抱着追寻老广州西关的真实样貌的心态而来，对客观真实性要求较高；而另一部分人，特别是年轻游客，关注的不是真正的西关历史文化，而是利用传统历史文化建构形成的"建构真实"。不同的游客群体对于历史文化街区的更新改造有着不同的期待和认知。永庆坊基于各类文化遗产资源，面向游客需求，发展出了形式多样的文旅业态，满足了游客的需求。

总的来说，历史街区越是地方的，就越是有吸引力。永庆坊要深耕地方历史文化，着力彰显地方特色，保留城市传统和记忆。永庆坊是一个历史文化街区，不能完全只考虑经济发展目标，改造后街区的功能定位还是应该偏重于传统文化的传播与传承，将文化保护与旅游发展有机结合起来。

历史文化街区是城市历史文化遗产的重要组成部分，真实性是历史文化街区的灵魂，但历史文化街区的更新改造也要适应时代的变化、考虑消费市场的需要，否则，其生命力将难以维系。历史文化街区的更新改造需要"刚性"与"弹性"相结合，既要坚守文化保护、文化传承的底线，挖掘、展示并传承地域文化特色，又要积极创新规划设计手法、管理手段和营销方式，做到"以文彰旅、以旅塑文"。

周祥

广东工业大学建筑与城市规划学院教授，研究方向为城市感知

永庆坊的更新改造作为一个代表性的节点，无疑成为广州旧城更新中的典型案例和亮点。每次我走访那里，都能感受到一种独特的氛围，既有文化的积淀，又不失现代的活力。永庆坊的环境和空间都塑造得非常好，空间界面的色彩和细部处理很丰富，凸显了岭南地区的文化特色。这种融合传统与现代的设计理念，不仅对游客具有吸引力，也让周边居民享受到实实在在的好处。

永庆坊所在的恩宁路历史文化街区是广东省历史文化街区，被誉为"广州最美老街"。相对于广州的城市发展史来说，恩宁路的历史并不长，它基本属于广州西关区域，而西关到明清时期才慢慢成为广州的商贸中心。西关原本有很多河涌和沼泽，是一个河网密布的地方，随着人类活动密度不断增加，河涌有了淤塞，逐渐形成了可开发的土地，且面积越来越大，在这种情况下，恩宁路才逐渐兴起。

恩宁路是非常重要的一条路，它像"半环"一样串起了整个西关，所以其整体改造就需要兼顾各方的利益诉求。与上海新天地等项目相比，永庆坊的改造有其独特之处，因为岭南的建筑和文化相对更世俗化、生活化，永庆坊的商铺业态和人文元素比如李小龙祖居，都很好地体现了这一点。这种对地方特色的强调和彰显，让永庆坊在众多的城市更新项目中脱颖而出。当然，随着零售业态的快速发展，街区改造也面临着一些挑战。当前永庆坊的业态包括特色民宿、文化体验、特色餐饮、创意办公、文艺展演等，如何让未来的业态发展保持对年轻人的吸引力，如何实现文化体验、空间体验与商业的结合，是一个值得持续探讨的话题。

自 2016 年永庆坊更新改造启动以来，相关各方采用城市微改造的方法，用"绣花功夫"活化这片广州最著名的历史文化街区，创造了许多独特的体验。比如粤剧艺术博物馆这一类的建筑，既仿古又流露出一点现代气息，从街巷里面看过去，建筑仿佛飘浮在空中，给人以强烈的视觉冲击和情感体验。由此可见，永庆坊街区的元素十分丰富，还有很多值得思考和研究的方向，例如，如果把它与前沿的空间体验技术和方式结合起来，是否能探索出一些新的方向？
总而言之，我认为永庆坊改造具有一定的示范性效应，希望大家能多从案例中汲取经验，扎根到当地社区里面，去感知、体验、体会，由此引发更多更深入的思考。

梁伟

高级建筑师，广州市城市更新规划设计研究院有限公司副院长、监事会主席

我国的城镇化建设发展已经由增量时期转入存量时期。老旧城区在改造过程中会遇到很多难点、堵点：首先是老旧城区建筑情况复杂，有历史建筑、风貌建筑、简易楼房、违建构筑物、空置危破房屋等；其次是产权情况复杂，居民意见不一，传统的"保留"或"修复"做法难以实施；再次是消防设计，现行建筑设计防火规范对新建、扩建和改建项目作出了相关规定，但对于老旧街区改造没有适用的规范；最后是业态单一，房屋格局难以吸引现代的商业、办公使用人群，街道冷清缺失活力。因此，在解决策略上，应正视老旧城区历史文脉、原生活场景、复杂利益诉求和社区精神的多元平衡，为产业业态、生活内容注入新活力，并在建筑设计和空间布局上激发创新潜力，具体策略主要包括四个方面。

一是在建筑布局上，遵循保留原有建筑肌理与低强度改造的原则，即不改变历史街区的街道肌理及空间格局，优化历史街区的公共服务设施，把倒塌的房屋改为绿地广场或公共配套设施，保留原有历史建筑并植入新的公共配套设施；二是在改造技术上，营造多功能、多层次空间体系，对部分建筑内部间隔重新调整，打通内部墙体，采用钢结构新技术进行加固处理；三是在材料选择和建设过程中，重视环保理念和资源回收利用，尝试使用废弃物再生的材料；四是业态活化上，通过有机更新衔接传统与现代的城市风貌，植入现代业态、激活街区活力。总的说来，永庆坊等老旧城区的改造提升了建筑安全、街道景观，加强了历史文化资源的保育，促进了街区文化、经济的复兴，很好地诠释了城市微改造中的"绣花功夫"。

后疫情时代，受当前经济形势及大众消费心理、消费能力变化的影响，老旧城区改造项目的需求也产生了变化。在此背景下，我认为提升消费体验、品质和特色是改造成功的关键。面对激烈的市场竞争，拥有独特性和吸引力的商业空间更有可能脱颖而出。因此，老旧城区改造需要不断创新，既要满足消费者对新式空间体验和商业业态的需求，又要探索商业运营的多种可能。这样才能在提高城市资源利用效率的同时，能更好地满足市场的需求，从而实现城市的可持续发展。

打铜店的大叔
店铺店主

打铜这个手艺是从我祖辈就一直传承到现在的，我不是自小在这里长大的居民，是十几年前从别的区转移到恩宁路这里来做生意的。以前这里的生意一直不好啊，除了有固定客源带来收入，其他都是吃老本，也没有长期合作的固定的客户，就算现在永庆坊得到了改造，也跟我们这些传统手工艺的店铺也没有什么关系，并没有改善我们的生存困境，所以总的来说，永庆坊的改造对我们这些手工艺店铺带来不了很大的收益。

卖广彩的小姐
店铺店主

我们本来是在芳村那边开店的，后来响应了政府的号召才来到永庆坊这边，我们一家人都是做广彩这一行的，虽然在这里开店是肯定亏本的，但是政府给我们提供了70%的补贴，我们才决定继续在这里开店。

福林百货店阿姨
店铺店主

这家店铺是家婆传下来的，也已经经营了三十多年了，现在这个行业很难做宣传，生意一年不如一年。我这家店的建筑因为两边都有骑楼，本身却不是骑楼样式的建筑，为了让街道立面看起来比较和谐，本来想加建骑楼部分的，结果当地城管不允许，最后只能加个雨篷，但是搭接得不好，现在还经常漏水。

纸钱店的老婆婆
店铺店主

我们这个房子已经有百年历史啦，经历了家族三代人，以前恩宁路就有很多家卖纸钱的，我这家店也算是最老的店了，现在很多都搬走咯。恩宁路改造其实对我这家店没什么影响，因为房产是我自己的，万科要来收购用去改造，我没同意。平时我也有稳定的老客源，收入稳定，不用太担心。

老住户
原住居民

这块地是我们祖辈1933年买下来的，然后自己用夯土建了一座三层楼的住宅。当时永庆坊改造，万科要买我们这块地，但是提出的价钱没有达到我们的预期，后来不欢而散。这里经过好几次的改造施工，破坏了原有的地基，导致我们的房子外墙开裂，房子变得摇摇欲坠。虽然我们肯定永庆坊改造给周边带来了生机，但是万科的改造工程质量并不好，新建的建筑经常要翻新，还有漏水的情况，这里原本居民的生存状况得不到关注，甚至被漠视，这让我们非常不满。

创作后记

谢超

建筑学博士，广东工业大学建筑与城市规划学院硕士生导师、副系主任

《广州绘·永庆坊》一路走来，历经五载，创作过程由来自建筑、规划、景观和艺术等不同专业的几十位同学参与。回望创作之初，受华南理工大学赖文波副教授和湖南大学王蔚副教授的启发鼓励，团队选择广州荔湾区恩宁路的永庆坊进行绘本创作的尝试。广州是一座拥有两千多年深厚历史和文化积淀的商贸城市，恩宁路则是广州最具代表性的历史文化街区之一，粤剧、美食、故居、打铜铺遍布其间，又有岭南特色建筑如西关大屋、骑楼等，街区肩负着延续城市文脉和场所精神的时代重任。然而，在快速城市化的变迁中，原住居民的生活空间逐渐被商业设施蚕食，越来越多的传统技艺被忽视，在此背景下，"老城如何重塑新活力？"这个命题有了更丰富的历史研究价值和岭南文化传承价值。

绘本是一种展示地方文化、传统住居、休闲体验和日常生活的载体。《广州绘·永庆坊》的创作从"城市显微"理念出发，以"接地气"为主线，综合运用社会调查、建筑测绘、场景叙事和考现学方法，并以三维轴测图结合插画的表达风格呈现了地方生活，在场景塑造中融合地方文化基因和建筑风貌，在人物对白中运用了地方方言——粤语进行描述，在色彩的配搭上则借鉴了外销画的色彩元素。

希望本书的创作能引发不同人群的思考，使游客能够了解广州永庆坊片区的西关风情，本地人能够找回过往熟悉的记忆，小朋友能从中获得认知城市的乐趣、满足探索的好奇心，而专业设计师能看到多元的视角与表达方式。这些期待也是我们绘城造境团队坚持将《广州绘》书系继续创作下去的动力。

创作团队感言
——来自广东工业大学建筑与城市规划学院、艺术与设计学院

邝颖琦　2016 级城乡规划

永庆坊最迷人的地方不仅在于各种新奇的建筑空间，还在于由"老广"亲自经营出来的在地生活气息，这是最朴实又纯正的当地特色。由此，我们希望通过绘本为大众创造更能真切体会广州旧街区内老故事的情感渠道。

张曦　2016 级建筑学

广州是一个被低估的文化之都，在绘本创作中，我们希望通过深入探索和趣味展现，能够向大众展现被埋没但极其珍贵的历史文化，唤起大众的共鸣并提升对其重视度。

吴汉源　2017 级建筑学

广州的历史街区有些已经湮没在时间的冲刷之中，现存的如今也难以发出自己的声音。植根于广州历史，让广州的文化、建筑在我们手上能展现出独特的风采，这就是绘本项目一直所追求的。

苏小岚　2018 级建筑学

我们希望将广州的民俗风情、历史文化以及建筑背后的故事讲出来，或许是骑楼街角的那间老店，或许是西关大屋那扇旧旧的趟栊门，它们都见证过周边的变迁和风雨，在那岁月的静静流逝中无声伫立。

刘奕华　2019 级建筑学

在广州永庆坊，我们体验到的不仅仅是建筑本身的特色，还有繁华城市里的烟火生活，也许生活的原本样子也该如此，平平淡淡，无需过多纷繁的杂念。

黄望益	龚浩荣	李灵	李俊霖
2016 级建筑学	2016 级建筑学	2017 级建筑学	2017 级建筑学

无需"华丽地去设计",只需"真实地去呈现"。我们深入街巷与当地居民交谈,查阅资料,从而对陌生的城市越来越熟悉,对它的认知也从抽象慢慢变得具体。

把我们生活的城市写进画里,用绘画的方式去记录城市的变迁、街区的发展和人物故事,是一件很有意义的事情,也让我们留下当下对这座城市的独特记忆。

在绘城造境工作室的这段经历贯穿了我的大学时光,是我的大学生活中不可缺失的一环。一切都是从零开始慢慢探索,从讨论绘本结构开始,一步一步地构建出如今的绘本雏形。

参与绘本创作让我在城市认知层面获得了更广阔的视野,并对非物质文化遗产有了进一步的了解,为我以后的城市设计、城市微改造实践提供了更多的灵感。感谢这段在绘城造境的经历让我有了不一样的学科体验。

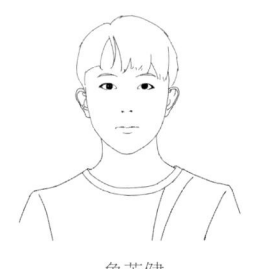			
鲁英健	纪艺琦	周海萍	黄璇
2017 级建筑学	2017 级建筑学	2017 级美术学	2017 级美术学

漫步在青砖小路上,一扇扇彩色玻璃满洲窗,或开或关,里面仿佛尘封着这老区里的岁月。我们用画笔记录着历史,让此刻的美好暂时停留,让过去的沉淀重新焕发生机,让未来的希望从绘本中展开。

为绘本编写文字是非常独特的人生体验,有一种小时候看的漫画书终于派上用场的感觉哈哈哈。同时,它让我对广州这座城市有了更深的了解,包括城市文化、建筑细部构建等。比心~

通过测绘建筑,拍摄居民的生活状态与游客的动作,我们希望能更好地绘制出城市空间真实独特的一面,从而展现给大家一本独具岭南特色、描绘恩宁路繁荣的街景与周边市民日常生活场景的独特绘本。

嗨!十分有幸认识许多朋友们,大家都花费了大量时间和精力摸索绘本各个部分的特点,时间久了,纵使有过大小改动,辛苦不言而喻,但依旧很高兴能为此付出。

丘妍嵘　　　　　　　　梁慧璇　　　　　　　　麦健均　　　　　　　　程雯

2018级城乡规划　　　　2018级风景园林　　　　2018级视觉传达设计　　2018级视觉传达设计

骑楼下的漫步时光、途经的非遗商店、丰富的文教古迹、店里师傅打铜的身影仍然历历在目。绘本将街巷中发生的点点滴滴用图像叙事的方式呈现出来，让更多人能够感受到恩宁路永庆坊的生活烟火气和活力。

如今各地经过改造的旧城区，难免让人感到乏味，而在永庆坊改造中，文化保护与经济发展一直在矛盾之间共存，为街区赋予了独特的生命感，这一点难能可贵。这本书定格的不仅是大众对永庆坊的回忆，还定格了我们青涩的成长记忆。

我根据空荡荡的场景或者其他小伙伴给我的需求来创作人物，让画面内的空间热闹起来。为绘本创作小人物，锻炼了我对人体的概括能力，让我更加注重人与景的空间关系。

每次绘制绘本时好像换成了上帝视角观察这座待了很久的城市，看到它生生不息的故事和角落里有趣的细节，生动得像发生在眼前的种种，虽然画面里没有我们，但我们却在故事之中。

容诺旻　　　　　　　　慕容炘其　　　　　　　陈华悦　　　　　　　　陈伟翰

2019级建筑学　　　　　2019级建筑学　　　　　2019级城乡规划　　　　2019级建筑学

从城市街巷的实地调研到场景故事的构想，从空间分镜的选取到配景颜色的探讨，我经历了绘本章节制作的完整过程。这本绘本是广州地域性日常生活的记录，也是我们调研思考的结晶，希望能带给你们亲切感。

来到永庆坊以后，我对它的第一印象是滴水的瓦片和石砖。随着时间推移，我看到了这里旧建筑的温度，它成为人们心中带有归属感的符号。永庆坊给我带来一种温馨的感觉，而绘本则是传递这种感受的窗口。

我们立足恩宁路历史文化街区现状，从当地居民日常生活视角出发，用简洁生动的连环画记录下城市更新进程中宝贵的建筑遗产和老广市井，为延续和传承时代记忆尽绵薄之力。

回想之前，漫步在这老街旧巷里，只惊叹于西关民居与老街更新改造的智慧。现如今，创作绘本带给我许多新的视角：不仅仅是游客，还包括这里的商家、居民……

图书在版编目（CIP）数据

广州绘 . 永庆坊 / 谢超著 . -- 上海：同济大学出版社，2024.9. --（绘筑中国）. -- ISBN 978-7-5765-1048-5

Ⅰ . K928.716.51-64

中国国家版本馆 CIP 数据核字第 2024L97T01 号

绘筑中国系列丛书

广州绘·永庆坊

THE IMAGE OF GUANGZHOU:
YONGQING FANG

谢超　著

出 版 人：金英伟
策　　划：晁　艳
责任编辑：王胤瑜
助理编辑：陈瑾霄
平面设计：《广州绘·永庆坊》创作团队
责任校对：徐逢乔

版　　次：2024 年 9 月第 1 版
印　　次：2024 年 9 月第 1 次印刷
印　　刷：上海安枫印务有限公司
开　　本：889mm×1194mm 1/16
印　　张：9.25
字　　数：189 000
书　　号：ISBN 978-7-5765-1048-5
定　　价：118.00 元
出版发行：同济大学出版社
地　　址：上海市四平路 1239 号
邮政编码：200092
网　　址：http://www.tongjipress.com.cn

本书若有印装质量问题，请向本社发行部调换
版权所有 侵权必究

广州绘·永庆坊